掌尚文化

SALUTE & DISCOVERY
致敬与发现

本书为华北电力大学研究生优质课的研究成果（项目编号:17121801）

INTRODUCTION TO
SOCIAL SCIENCE
RESEARCH METHODS

栾文敬 等————编著

社会科学研究方法简论

经济管理出版社
ECONOMY & MANAGEMENT PUBLISHING HOUSE

图书在版编目（CIP）数据

社会科学研究方法简论 / 栾文敬等编著 . — 北京：经济管理出版社，2020.9

ISBN 978-7-5096-7563-2

Ⅰ . ①社… Ⅱ . ①栾… Ⅲ . ①社会科学—研究方法—教材 Ⅳ . ① C3

中国版本图书馆 CIP 数据核字（2020）第 169250 号

组稿编辑：宋　娜
责任编辑：张　昕　杜奕彤
责任印制：黄章平
责任校对：张晓燕

出版发行：经济管理出版社
　　　　　（北京市海淀区北蜂窝 8 号中雅大厦 A 座 11 层　100038）
网　　　址：www.E-mp.com.cn
电　　　话：（010）51915602
印　　　刷：唐山昊达印刷有限公司
经　　　销：新华书店
开　　　本：720mm×1000mm/16
印　　　张：14.50
字　　　数：231 千字
版　　　次：2020 年 11 月第 1 版　2020 年 11 月第 1 次印刷
书　　　号：ISBN 978-7-5096-7563-2
定　　　价：98.00 元

编委会名单

主　　编：栾文敬

副主编：李平菊　王恩见　陈　雷　崔伟春

成　　员：贾　剑　信焱文　欧淑玲　孙双慧　何钰斌

　　　　　周蒋婕　邱利寒　眭旭东　易治齐　郑子叶

　　　　　常睿华　蒋　薇　王嘉园　李瑞丹　张金鹏

前　言

　　《社会科学研究方法》课程适用于社会学、社会工作、经济学、行政管理等社会科学专业，与《社会统计学》《统计软件应用》等课程共同构成社会科学研究的方法基础。本教材坚持"学以致用"原则，遵循社会科学研究的基本逻辑，采用理论与案例相结合的方式，对社会研究方法领域的基础知识和前沿问题进行了介绍与探讨。

　　本教材根据社会科学相关专业学生从事社会科学研究的需要，对社会科学研究五阶段的内容，即选题—文献综述—研究设计—数据收集、处理与分析—报告/论文写作与发表进行详细介绍。全书由三部分组成：第一部分为总论，包括社会科学研究方法的概述、研究问题的选择、文献综述的撰写、研究计划的设计、理论与研究的关系等；第二部分介绍社会科学的三种研究范式，即定量研究范式、质性研究范式、混合研究范式三方面的内容，每个研究范式的介绍都基本包含了研究范式的概述、数据的收集与分析等方面的内容；第三部分是论文写作与发表，以及在整个科学研究过程中需要注意的伦理问题。本研究的特色是理论与案例相结合、基础知识与前沿问题相结合，作者希望通过这种方式，为社会科学相关专业的学生从事科学研究提供一些帮助和启发。

　　本教材的撰写依托于华北电力大学研究生优质课建设（立项编号：17121801），第一章至五章、第十四章和第十五章由栾文敬老师撰写完成；第六章和第十三章，由王恩见老师撰写完成；第七章至第九章，由李平菊老师撰写完成；第十章至第十二章，由陈雷老师撰写完成。华北电力大学的贾剑、信焱文、欧淑玲、孙双慧、何钰斌、周蒋婕、邱利寒、眭旭东、易治齐、郑子叶、常睿华、蒋薇、王嘉园、李瑞丹和赵金鹏等同学也为本书的出版做出了贡献。

由于社会科学研究方法涉及的内容较多，以及编者自身学术水平有限，本教材难免有疏漏和不足之处，在此向各位读者表示歉意，并请各位读者批评指正，我们也会继续修正和完善。

编　者

2019 年 11 月

目　录

第一章

社会科学研究方法概述

人们运用科学的研究方法获得对现实世界的认识，社会科学研究是科学研究的一种。本章主要介绍社会科学研究的概念、特征、主要类型、研究范式以及通用过程等内容。

第一节 社会科学研究的概念与特征

一、社会科学研究的概念与特征

总体上，人们将世界分为主观世界和客观世界，主观世界属于人们的精神世界，客观世界分为自然界和人类社会。与此相对应，人类社会也相应地形成了三种知识，即关于自然界的知识属于自然科学，关于人和人类社会的知识属于社会科学，人类创造出来的精神界的知识属于人文科学，三者的关系如图 1-1 所示。社会科学是对人类行为与社会现象背后原因的解释，从而更好地认识和改造社会（马红霞，2006）。在近代资本主义以前，人们对知识的认识还是含混的，并没有把自然科学与人文社会科学完全区分开来。19 世纪末 20 世纪初，科学技术的发展为社会科学研究提供了新的方法。

自然科学研究的自然客体是一种物态性的实体存在，客观实在性、可重复显现性和历史发展性是其根本属性。人文科学研究的人类精神文化现象与客观的物态不同，属于一种主观性的精神存在，主要侧重于人的观念、精神、价值与情感。社会科学研究的社会现象及其规律是介于自然客观和主观精神的中间层次，兼具有自然与人文的双重属性，但又与两者存在较大区别。

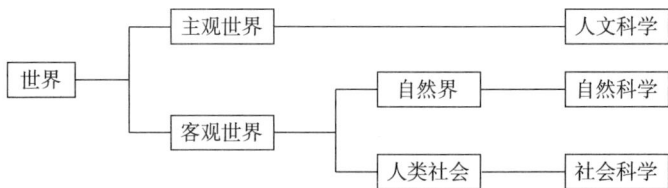

图1-1　社会科学、自然科学与人文科学的关系

二、社会科学研究方法的概念与特征

科学方法是人们认识世界和获得知识的途径，它能够系统地消除个人经验观察中可能出现的主观偏差或观测误差，以便得到共同接受的、可靠的知识。科学方法与一般探索等其他不同求知方式的区别在于科学的研究方法和程序。

1. 社会科学研究方法的概念

社会科学研究方法（Social Science Research Methodology），也称社会研究方法或社会学研究方法，学者们对此并没有一个统一的概念界定。一般来说，社会科学研究方法以经验的方式，对社会世界中人们的态度、行为、关系，以及由此所形成的各种社会现象、社会产物进行科学的探究活动，以揭示社会现象的本质及其内在规律。

社会科学研究方法与社会调查方法（Social Survey Method）并不是同一个概念，社会调查方法是社会研究方法的一种类型或方式。社会科学研究方法是一般性的方法，而调查研究方法则是专门性的方法，通常包括科学方法与社会研究、选题、研究设计、抽样、测量、调查研究、实地研究、实验研究、文献研究、资料处理、资料分析、研究报告等内容。

2. 社会科学研究方法的基本特征

（1）科学性。社会科学研究的内容符合客观实际，能够正确反映事物的本质和内在规律。社会科学研究的问题是可以通过科学来回答的，社会科学研究的是"是什么"（What is it），而非"应该是什么"（What should it be）。在科学领域，研究者要做的只是事实判断，而不是价值判断。

（2）实证性。实证性是指研究结论的实证性，研究结果必须来自经验事实，即社会科学研究的一切事实来自调查，一切经验来自结论，且研究结论具有可验证性和重复性。在研究过程中，社会科学研究通过收集大量的经验性材料，掌握社会行为或现象的相关信息，继而通过理论和逻辑的方法加工，形成对社会行为或现象的理论解释。社会科学研究是建立在客观事实的经验观察上，而非纯粹的思辨基础上。

（3）明确性。在社会科学中，对关键概念或变量的明确定义尤为重要。社会生活中，有些概念通常是模糊的，人们对某一概念的理解和界定并不相同，验证或比较结果的可重复性难度太大。如人民对老年歧视的理解，在不同文化背景下，歧视的含义是不同的，在研究老年歧视现象时必须首先明确老年歧视的定义以及测量标准，之后才能进行研究，也才能对不同的研究结果进行比较分析。因此，社会科学对明确性的要求比自然科学更高。

（4）逻辑性。社会科学研究要讲究逻辑，这种逻辑既包括研究过程的逻辑性，如研究者一般从一定的理论出发，引申出研究假设，经过实证资料的收集、整理、分析，归纳概括出研究结论，或者在大量观察和掌握大量事实的基础上，运用归纳方法，经过抽样思维，提出一般的理论，又包括研究报告/论文框架结构的逻辑性和语言的逻辑性。

第二节　社会科学研究的类型

根据不同的标准，可以对社会科学研究做不同的分类。从研究性质上分，可以分为理论研究/基础研究、应用研究、评价研究、行动研究；从研究目的上分，可以分为探索性研究、描述性研究和解释性研究；从研究起源或动机上分，可以分为知识导向型和问题导向型；从调查对象的范围上分，可以划分为普查、抽样调查和个案调查；从具体的研究方法上分，可以分为调查研究、实地研究、实验研究、文献研究；从时间框架上分，可以分为横截面研究和纵贯研究（见表1-1）。

表 1-1　社会科学研究的类型

分类标准	主要类型	简介
研究性质	理论研究基础研究	关注基础知识生成，研究的落脚点为理论的生成、完善、修正等
	应用研究	旨在为现实世界的实际问题提供相对直接的解决办法，研究的落脚点为政策建议
	评价研究	主要判断干预性项目在现实环境中的实施效果以及改善措施，是专门用来判断研究对象的价值、优点或质量的
	行动研究	关注解决实践者面临的具体问题，行动研究者不是学术研究人员，而是那些社会实践者
研究目的	探索性研究	研究者对感兴趣的问题或现象的初步考察和了解，一般用于以下三种情况：一是研究者本身对研究问题或现象不太了解；二是研究问题比较新，很少有学者涉及该领域；三是大规模的调查研究开始之前，进行探索性研究以了解基本情况
	描述性研究	描述一个事物或现象"是什么"，主要是对总体进行系统的、全面的反映，对现象带有普遍性、代表性的基本情况进行描述。描述性研究一般采用普查或严格的概率抽样方法，以调查问卷为主，采用定量分析方法
	解释性研究	回答"为什么"，解释社会行为或社会现象发生的原因，并对未来趋势做出预测。解释性研究的理论性较强，一般是从理论假设出发，经过实地考察，收集经验资料，通过对经验资料的总结分析验证理论假设，实现对社会现象的理论解释
研究的起源或动机	知识导向型	以增加、积累、创造、修正、完善各种有关知识为目标的研究类型，由于知识多以理论的形式出现，因此，也被称为理论导向研究
	问题导向型	以了解、分析、解决现实社会问题为目标的研究类型，由于这类研究的结果可指导、干预现实世界，因此又称为现实导向或对策性研究
调查对象范围	普查	一种全面调查，对构成总体的每个个体进行无遗漏的逐个调查，以准确了解一定时点或时期状态下的总体情况
	抽样调查	一种非全面调查方法，一般按照概率原则，从总体中抽取部分进行调查，并通过统计分析将调查结果扩展至总体
	个案调查	也称个案研究，是从整体上对一个研究对象进行详细考查的研究方法，其调查对象就是"个案"。个案的对象可以是个人，也可以是家庭、社区、组织、社会实践等

续表

分类标准	主要类型	简介
研究方法	调查研究	通过自填式问卷或结构访问的方式，从选取的被调查对象中收集数据资料，并通过专业软件对收集的数据进行统计分析的研究方法
	实地研究	研究者深入研究对象的生活情境，以参与观察、无结构或半结构访谈为主要方式收集资料，通过对资料的整理分析来了解和解释社会现象。其中，比较有代表性的是个案研究方法，个案研究回答"怎么样、为什么"的问题，是对特定个体、单位、现象进行深入而具体的研究。案例研究可以是一个案例，也可以是多个案例
	实验研究	经过精心设计，并在高度控制的条件下，研究者通过操纵一个变量（自变量），来观察和分析另一个变量（自变量）的变化情况，以研究变量之间的因果关系
	文献研究	通过收集与分析各种文献材料，获得对社会的认识，与前三种研究方式不同，文献研究不直接接触研究对象
时间框架	横截面研究	又称横向研究，是通过收集一个时间点或时间段的资料，研究社会事物或现象在这个时间点（段）上所表现出来的特征及其规律性。横向研究中的时间既可以是某一个确定的时间点，也可以是一个较短的时间段
	纵贯研究	又称纵向研究，是在若干个不同的时间点上收集资料，用于描述社会事物或社会现象发展变化的规律，以及前后之间的联系。纵向研究又包括三种不同的类型： 一是趋势研究，主要是通过比较不同时期的情况，揭示社会现象变化的规律，预测社会现象未来的走向； 二是同期群研究，是对某一特殊人群随时间推移而发生变化的研究，如美国战后婴儿潮时期出生的人口，主要注意的是，同期群每次抽取的样本并不完全相同； 三是同组研究，是对同一组人随时间推移而发生变化的研究，即每次抽取的样本是完全相同的，但研究中会发生样本流失的问题，操作难度较大

第三节　社会科学研究的范式

对同一事物，通常会有多种解释方式，而范式（Paradigms）就构成了这些不同的解释或理论的基础。范式通常是共同体成员所共有的东西，如共有的信念、价值和技术等（库恩，1968）。在社会科学领域，范式是指某一特定学科的学者所共有的基本世界观，它是由其特有的观察角度、基本假设、概念体系和研究方式构成的，表示学者们看待和解释世界的基本方式。每个研究范式都有其独特的本体论、认识论、方法论、价值论和修辞（见表1-2）。

表1-2 范式的区分维度

区分范式维度	具体内容
本体论	可知的事物的本质是什么，或者现实世界的本质是什么
认识论	探究者与被知的事物的关系是什么
方法论	探究者应当如何获得知识，或者研究者应该使用何种方法
价值论	探究过程中价值的作用是什么
修辞	研究中应该使用何种语言和交流方式

社会科学的发展，导致了不同范式的转换，然而范式并无优劣之分，不同的范式丰富和增加了社会科学认识和解释社会现象的视角，运用不同方法对社会现象进行研究，能够更全面地认识社会现象。

一、定量研究、质性研究和混合研究范式

学者们对社会科学研究范式的分类并不一致，最常见的分类是定量研究、质性研究及混合研究三种。其中，定量研究（Quantitative Research）是采用结构式的、具有信度和效度的资料收集工具，或通过档案数据资源，来收集基于精准测量的定量资料。定量研究分为实验研究和非实验研究，其中实验研究又分为标准实验研究、准实验研究，非实验研究则包括了调查研究、文献研究（二次分析、内容分析、现存统计资料分析）。

质性研究（Qualitative Research），就是以研究者自身为主要的资料收集工具，通过深入访谈、参与观察、实地记录、开放式问答等与被研究者直接接触的途径，收集文字、图像、影视等定性资料，考察被研究者的日常生活状态和过程，通过寻找这些资料中的模式、主题以及整体特征来解释被研究者行为及其意义的社会研究方式。质性研究的结果只适用于特定的情景和条件，不具有定量研究那样的推广性。质性研究的方法很多，如实

地研究、历史—比较分析、民族志研究、文本分析等（风笑天，2014）。

混合研究（Mixed Research）也称混合方法研究（Mixed Method Research），是研究者在一项研究或调查项目中，兼用定量和质性研究方法来收集、分析资料，整合研究发现，并得出推论。与单独使用定量或质性研究方法相比，综合使用两种方法，能够更好地理解研究问题，拓展理解和实证的广度与深度。

定量研究、质性研究、混合研究三者的比较具体如表 1–3 所示。

表 1–3　定量研究、质性研究和混合研究的比较

	定量研究	质性研究	混合研究
哲学基础	实证主义	解释主义	实用主义
研究方法	演绎的或"自上而下的"，研究者用数据来检验假设和理论	归纳的或"自下而上的"，研究者通过数据材料的分析来构建理论	演绎的和归纳的
本体论	客观的、物质的、一致同意的	主观的、个人的、精神的	多元主义：客观的、主观的
认识论	科学的现实主义	辩证的使用主义；普遍标准和基于某群体具体需要的标准的混合	相对主义
有关人类认识与行为的观点	人的认知和行为被认为是高度可预见的并可解释的，定量研究没有找到人类行为普遍的或一贯正确的法则，因此大多数定量研究者都在寻找概率性成因，如留守儿童比普通儿童更有可能发生行为失范问题	通常把人的认知和行为看作不确定的、动态的、随时间和地点而变的，研究的是特定背景下的特定群体	同时接受定量和质性有关人类认知与行为的积极观点，认为仅仅使用定量或质性研究对于许多研究问题来说都是有限的和不完整的。社会科学研究应当根据研究问题选择研究方法，一个问题的提出本身就蕴含着多元化的解决方式
数据收集方式	调查、实验	实地研究	多种收集方式并用
数据	数字和变量	数字、变量、文字、图像	文字、图像
数据分析	变量之间的关系	分别地、结合地进行定量和质性分析	描述数据，寻找主题、模式和整体特征，评价变化/差异
结果	具有可推广性	独特地发现特定的观点	客观的和主观的观点，多维度和视角

资料来源：由编者汇总整理。

二、实证主义与非实证主义范式

实证主义与非实证主义方法论的对立（见表1-4），不仅关系人们对社会现象的认识和理解，而且直接影响社会研究方法的具体选择及运用，即在不同方法论的影响下，社会科学研究所使用的研究方法是不同的。

表 1-4　实证主义与非实证主义范式

实证主义	最基本的观点：经验科学是人类获取知识唯一可靠的形式，反对思辨原则，认为只有实证科学才能发现经验现象之间客观存在的关系，并能控制和预测社会过程；社会科学研究的逻辑方法是假设演绎法，假设必须由经验事实检验，理论只有被经验事实证明才是科学的 涂尔干认为，社会科学研究的是普遍的社会现象，这些现象是在各种社会力量作用下产生的客观事实，受一定社会规律的支配。其主要观点包括三点：一是社会科学和自然科学的研究对象是一样的，都是纯客观的，社会现象背后存在着必然的因果规律。因此，可以用自然科学方法研究社会科学。二是因为社会现象是客观的，所以是可以被人们所认识的，是可以发现其内在本质和规律的，经验是科学知识唯一的来源。三是社会科学的任务是说明社会现象是什么，要采取价值中立原则。 对社会现象的认识：宏观研究整体认　对社会现象：客观解释静态分析量化研究 识客观检验
非实证主义	与实证主义观点相反，认为社会现象不同于自然现象，人是有自由意志的，社会历史事件都是独特的、非重复性的、无规律可循，因而无法对人的行为进行预测。韦伯认为，社会现象既包括人的理性行为这种有规律性的现象，同时也包括人的主观动机，通过对社会现象外部原因和内在动机的分析，可以发现社会现象的规律性。主要观点包括三点：一是社会现象不仅取决于社会规律，而且也是主观意识的结果；二是自然科学方法在社会科学研究中有重要地位，但不是唯一；三是社会科学研究中存在着"价值中立"和"价值关联"。 对社会现象的认识：微观研究个体研　对社会现象：主观理解动态分析质性研究 究主观判断

资料来源：仇立平.社会研究方法［M］.重庆：重庆大学出版社，2015.

三、实证主义、解释主义、批判主义范式

Orlikowski 和 Baroudi 认为，社会科学研究有实证主义、解释主义和批判主义三种主要的研究范式。这三种范式的主要观点具体如表1-5所示。

表 1-5　实证主义、解释主义和批判主义范式

常见的范式	代表人物	主要观点
实证主义（经验主义/客观主义/科学方法/自然主义等）	孔德 斯宾塞 迪尔凯姆	实证主义是近代社会科学研究的主流范式，认为社会现象与自然现象没有本质区别，可以使用自然科学的方法和模式进行社会科学研究。具体来讲： （1）实证主义建立在将世界看作是独立于人类关于其知识的基础主义存在论基础上。 （2）实证主义者认为，与自然界一样，人类社会中也存在着模式和规律、原因和结果，实证主义者相信做出因果陈述的可能性。 （3）绝大多数实证主义者在分析人类社会时也采用科学方法。 （4）研究方法及其使用者是价值中立的，不会对已经存在的事物造成影响。 （5）在研究人类社会时，实证主义者特别强调解释而不是理解。并且，绝大多数的实证主义者都认为解释的真正目的是为了预测。 （6）实证主义者强调经验性实践中的观察和验证，即事实可以通过人类的感知而获得。同时，实证主义者需要清楚地区分"事实"和"价值"，并且更倾向于强调事实而不是价值。 （7）在研究中，实证主义者追求客观性，其任务是描述客观事实，总结事物之间重复出现的规律，经过归纳、提炼得出一般性结论。 （8）实证主义者相信：通过运用理论产生的，并且可以在日后的直接观察中得到验证的假设，能够对人类社会现象建立起规律性的关系 世界是真实的，既不会被人类的感觉所解释，也不会被社会所构建。在知识产生过程中，实证主义者更强调经验理论而拒绝价值和信任等问题，并且认为社会科学可以与价值无关，比如，在研究社会问题时，研究人员可以保持价值中立
解释主义（人文主义/理解/现象学/解释学/理想主义/符号学/构成主义）	以韦伯为代表的古典社会学家	解释主义强调社会现象的独特性质和规律，认为不能盲目地仿效自然科学方法进行社会科学研究，而是应当使用"理解"和"解释"的方法。 （1）与实证主义相比，解释主义基于反基础主义存在论。它认为，世界不是独立于人类有关世界的知识而存在的。 （2）世界是通过人类之间的交互，社会地构建而成的。"事实"和"价值"之间的界限并不像实证主义所认为的那样轮廓分明。 （3）解释主义的重点在于理解而不是解释。因此，解释主义者不相信可以仅仅依靠观察来解释社会现象，也不企图在社会科学中建立因果解释。 （4）与实证主义相比，解释主义将自然科学和社会科学看作是两种截然不同的科学。因此，应该采用与研究自然科学不同的方法来研究社会科学。 （5）社会现象不可能独立存在于人类对它的理解中，并且，正是这些理解影响了结果。因此，研究人员将不可避免地成为其所研究社会现象的一部分，比如，他们不可能与其正在研究的对象相分离。 （6）解释主义者认为，客观性（或者是与价值无关）的分析是不存在的，因为，知识在理论上是分别获得的，研究人员需要的是其所有个人的和主观的观点、态度，以及价值的总和。 （7）在研究社会现象时，解释主义者倾向强调赋予世界的含义，以及语言在构建"现实"中的作用

常见的范式	代表人物	主要观点
批判主义	马克思	批判主义尝试将与解释主义相联系的理解（如何）和与实证主义相联系的解释（为什么）结合起来。 （1）批判主义处在实证主义和解释主义之间，既具有与实证主义相同的基础主义存在论，同时又尝试研究中的理解。 （2）批判主义者认为，在因果解释这个问题上，尽管社会和科学可以应用自然科学中的相同方法，但是也需要使用理解以摆脱纯粹的自然科学方法。 （3）与实证主义者不同，批判主义者通常不仅试图解释，同时也试图理解人类社会。 （4）批判主义者认为，人类社会既是历史形成的，同时也是由人类创造的。尽管人类可以有意识地改变其所在的社会和经济环境，但是人类做出上述改变的能力同时又受到各种社会、文化，以及政治因素的制约。 （5）批判主义者的主要任务就是进行批判，将注意力集中在当前社会存在的各种矛盾和冲突上，并找出改变现状的制约和转换条件。 （6）批判主义者认为，只有在与历史形成的社会现实相联系时，人类的价值中介作用才能够得到体现。也就是说，社会现实势必影响参与者，同时也势必会受到参与者的影响。 （7）与解释主义者相比，批判主义者也能够做出因果陈述，识别因果机制。但是，批判主义者的因果观念与实证主义者的因果观念不同。批判主义者在因果关系方面的信仰没有实证主义者那样清晰，原因并不能够简单地决定结果。解释主要依赖于对因果机制及其发生作用的识别、发现这些机制是否已经被触发，以及在什么样的条件下会被触发。批判主义者倾向在直接原因（参与者）与物质原因（社会现实）之间做出区分，这意味着两种原因同时表现出因果关系力量，即直接原因启动行为，物质原因限制或者促进已经启动的行为

资料来源：杜晖等.研究方法论：本科、硕士、博士研究指南［M］.北京：电子工业出版社，2016.

四、社会事实、社会定义和社会行为范式

美国社会学家里茨尔根据人们看待社会现象的不同方式和观察角度，将社会科学研究划分为三种不同的研究范式：社会事实范式、社会定义范式和社会行为范式，这种划分主要是表明社会学家看待社会现象的不同方式或观察角度。这三种范式的主要观点具体如表1-6所示。

表1-6 社会事实、社会定义和社会行为范式

范式	代表学派	主要观点
社会事实范式	结构功能学派 冲突学派 新马克思主义学派	以杜尔克姆的方法论思想和现代的结构功能理论为代表，强调社会现象的客观性，认为社会现象是客观的事实，不能还原为个人的事实，强调对宏观的社会结构、社会制度、文化规范进行研究，在社会结构层次和文化层次探讨社会的本质属性，主要研究方式有历史—比较研究，统计调查
社会定义范式	符号互动论 现象学 民俗方法学	以韦伯、米德的思想为代表，强调社会现象的主观性质，认为一些宏观的社会现象（如国家、制度、阶级等）都不是有形的实体，它们是由人们的主观定义建立的，因此社会现象是不可能与个人的动机、态度和行为相分离的，这也是个体主义方法论的主要论点。社会定义范式强调在微观层次研究人们是如何建立社会、如何在社会中行动的，强调人际互动、心理、社会情景和规范，主要研究方式是实地研究
社会行为范式	行为理论 交换理论	以斯金纳、霍曼斯的方法论为代表，强调对个人的社会行为进行客观精确的分析，主张用经验的或实证的方法研究社会现象。社会行为范式认为，只有通过对人的外部行为产生的原因与后果的刺激及反应进行经验观察，才能认识社会现象的因果关系，才能像自然科学那样客观地解释社会现象，主要研究方式是实验法和统计调查

资料来源：袁方.社会研究方法教程［M］.北京：北京大学出版社，1997.

第四节 社会科学研究的过程

一、社会科学研究的逻辑：科学环

美国社会学家华莱士在其名著《社会学中的科学逻辑》中提出并详细阐述了社会的逻辑过程（见图1-2），这一图示被人们称作"科学环"并广泛运用。

上边：运用归纳和演绎等逻辑方法理论化过程

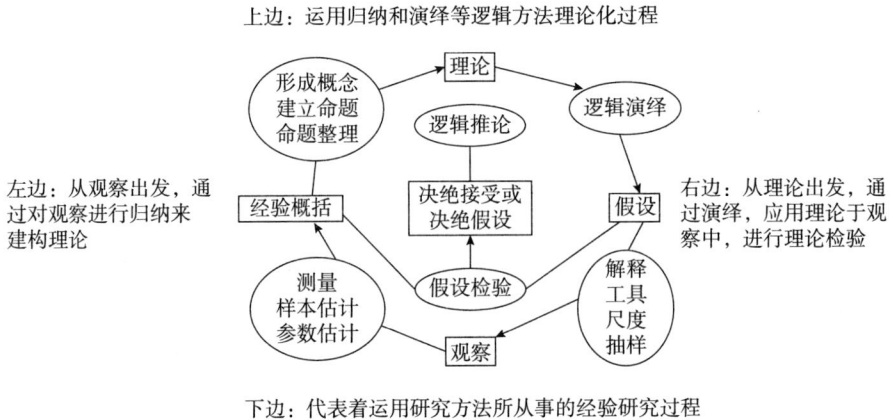

左边：从观察出发，通过对观察进行归纳来建构理论

右边：从理论出发，通过演绎，应用理论于观察中，进行理论检验

下边：代表着运用研究方法所从事的经验研究过程

图1-2 社会科学研究的科学环

1. 归纳推理

归纳法是从特殊到一般的过程，也即从一组具体观察的结果推导出一般性的规律或法则。归纳推理是从个别的、单一的事物的性质、特点中概括出该类事物的性质和特点，是一个从感性认识上升到理性认识、由个别到一般、由具体到抽象、由特殊到普遍的过程。

归纳推理的优点是在直接经验的基础上进行概括，有一定的可靠性。不足之处在于直接经验可能不具有普遍性，尤其是在异质性较强的社会背景下，得出的结论可能是偏颇的，其很难建立起一种具有普遍意义的、高度概括的理论。此外，归纳推理需要将经验资料上升到理论层次，这需要研究者具有较高的分析和综合能力，以及科学的想象和猜想、抽象的理论思维能力。

2. 演绎推理

演绎推理，是从一般理论或普遍法则出发，依据这一理论或法则推导出一些具体的结论，并应用于具体的现象和事物，在应用过程中检验理论或法则。演绎推理是一个从一般到个别、从抽样到具体、从普遍到特殊的过程。

演绎推理的优点在于以一般的原理和理论来指导研究，不足之处在于一般理论和大前提可能是错误的，那么推导出来的结论也可能是错误的，导致结论不能有效地解释具体现象。

二、社会科学研究的一般过程

社会科学研究从最初的研究问题到最后的论文发表（见图1-3），包括有若干至关重要的步骤。每一步，研究者都必须做一项或多项重要决策，它们将影响研究方向。

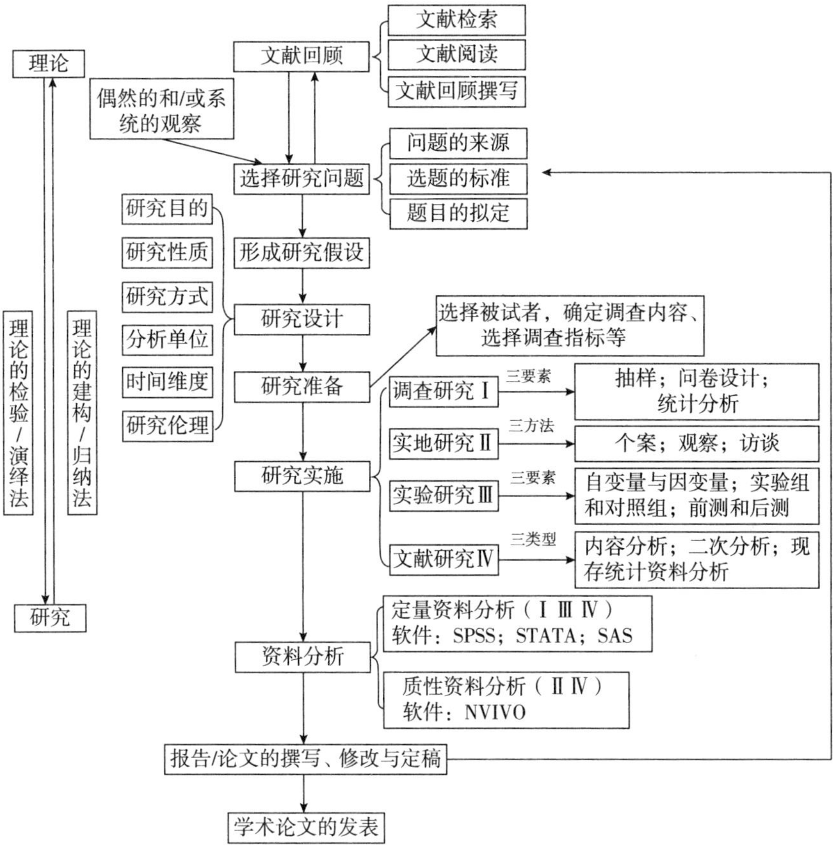

图1-3　社会科学研究过程

第一，形成研究问题。研究问题的来源有多个，最重要的有两个：一是日常偶然或系统的观察；二是阅读文献。研究问题一般包括一到两个关键变量，研究者需要提出一个明确的、可以检验的假设，可以帮助研究者明确研究的问题。

第二，根据研究问题选择研究设计。研究设计即研究计划，这个计划能够回答提出的问题。在这个阶段，研究者要确定研究的方式、调查地点，以及使用何种理论等。

第三，实证调查前的准备。准备的内容包括选择被试者，同时考虑以符合伦理道德的方式对待被试者。此外，还要根据研究问题确定要观察的内容，以及测量的具体指标。

第四，研究的实施。正式进入被试者的背景环境或者邀请被试者到研究中来，观察和测量他们的行为，收集和规范地记录数据以备之后的分析。

第五，数据的整理与分析。利用专业的分析软件对收集上来的数据资料进行分析，形成研究发现。

第六，形成最终成果。在文献梳理和数据分析的基础上，形成调研报告或学术论文。

第七，学术论文发表。展示自身成果并与同领域的专家进行交流。

第八，再次启动整个过程。研究报告 / 学术论文完成并不是研究的最后一步，即使一项研究计划已经完成，但在完成过程中仍会出现新的研究问题，需要启动新一轮的研究过程。

第二章

研究问题与假设

"提出一个问题往往比解决一个问题更重要，因为解决问题也许仅能是一个数学上或实验室上的技能而已。而提出新的问题、新的可能性，从新的角度去看旧的问题，都需要有创造性的想象力，而且标志着科学的真正进步。"

——爱因斯坦

选题是良好科研的开端，在整个社会科学研究中占有重要地位。从国家社科基金的评审标准（见表 2-1）来看，选题占 30% 的比重，论证占 50%，研究基础占 20%，因此，"方向比努力更重要"。研究者要在自身已有研究的基础上，根据自身的研究领域和方向，做好选题工作。

表 2-1　国家社会科学基金的评价指标体系

评价指标	权重	指标说明	专家评分							
选题	3	主要考察选题的学术价值或应用价值，对国内外研究状况的总体把握程度	10 分	9 分	8 分	7 分	6 分	5 分	4 分	3 分
论证	5	主要考察研究内容、基本观点、研究思路、研究方法、创新之处	10 分	9 分	8 分	7 分	6 分	5 分	4 分	3 分
研究基础	2	主要考察课题负责人的研究积累和成果	10 分	9 分	8 分	7 分	6 分	5 分	4 分	3 分
综合评价		是否建议入围	A. 建议入围　　B. 不建议入围							
备注										

评审专家（签章）：

资料来源：2020 年度国家社会科学基金项目申请书《课题论证》活页。

第一节 研究问题概述

一、研究问题的概念

研究问题，是指社会研究所要回答或解决的具体问题，是一个可以通过研究而回答的问题。与研究问题相关的一个概念是"研究主题"，一般来说，形成一个好的研究问题是比较困难的，而确定一个研究主题或感兴趣的研究领域要比形成一个结构合理、结构清晰的研究问题容易得多。尽管研究主题或领域是形成研究问题的起点，但其并不能为开展研究提供足够的指导，因为它们并不能像研究问题那样指导研究者收集资料或者进行数据分析，因此，在任一情况下，形成研究问题前，研究主题都需要进一步收缩。当然，也并不是所有的研究主题都可以转化为可行的研究问题。

研究主题转化为研究目的和研究目标，是形成研究问题非常有用的一个步骤。相较于研究主题，研究目的和目标提供了更多的研究方向，能够帮助研究者认真思考其研究所要取得的成果。虽然研究目的和目标往往不如研究问题那么具体，但它们比研究主题或领域在指导研究上发挥的作用更大。不同于研究主题，研究目的和目标能够确定研究所要达成的结果，以及为了达到这样的结果所要解决的问题。研究目的和目标是研究主题和研究问题之间非常有用的中间环节（见图 2-1）。

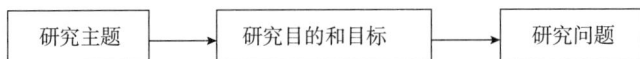

图 2-1 研究主题与研究问题的关系

案例展示

研究主题：全面开放二胎政策

研究目标：探究人们生二胎的影响因素

研究问题：①人们生二胎的总体意愿；②不同个体（城乡、

年龄、性别等）对生或不生二胎的理由和解释

如上所述，把一个研究目标分解成多个问题是很有必要的。制定研究目的或目标，可使研究者更仔细地思考想要了解的东西，并帮助研究者更具体地了解想要在研究中取得的成就。越清晰地定义研究目标就越能更好地指导研究。模糊的研究目的和目标会导致研究过于雄心勃勃、收集不必要的数据、在泛滥的数据中挣扎、把时间浪费在"死胡同"里，当然，这也适用于糟糕的研究问题。因此，对研究目的和目标充分陈述，可以精确指导实践调查，也有益于思考研究问题。

二、研究问题的类型

所有的文章都是围绕一个核心问题或信息展开的，而文章的核心问题，会涉及不同的问题类型，研究者在开展研究前需要明确研究问题的类型。研究问题可以是过程研究，即解释社会现象或社会过程如何发展，如基层公务员是晋升过程；也可以是机制研究，即解释社会现象如何运作，如精准扶贫如何帮助贫困户脱贫；亦可以是比较性研究，即通过核心对比来说明问题，如为什么城市低保人群的健康状况比农村人口更差；还可以是因果关系研究，即为什么社会现象发生于特定的环境，如为什么艾滋病预防的知晓率很高但安全套的使用率却很低等。

三、研究问题的来源

选题是一切科学研究的起点，选题对于社会科学研究的意义在于：选题如果不好，这项研究从一开始就注定了要失败，反之，好的选题是研究成功的一半。在创新型人才培养过程中，首先要培养的就是学生提出问题的能力，即问题意识。问题意识主要指学生在认知活动中意识到一些难以解决的、疑虑的实际问题或伦理问题时产生的怀疑、困惑、焦虑、探究的心理状态，这种状态驱使学生积极思维，不断提出问题和解决问题（欧阳文，1999）。问题意识产生于理论与经验的张力，这种张力主要表现在三个方面：一是现有理论解释不了现实问题，即没有关于某种现象的理论；二

是理论解释不了现实问题，即理论与现实有冲突；三是理论解释不透现实，即理论不够细致和具体。科学研究的最终目的就是解决理论与现实之间的这种张力。那么好的研究问题从哪里来呢？一般来说，研究问题主要来源于现实社会、个人经历、兴趣爱好、现存理论、已有文献，或者与别人交谈时迸发的火花等。本书主要对几个重要方面加以阐述。

1. 从研究文献中选题

对于研究者来说，阅读大量文献是研究的基础。一个有经验的研究者会从已有的学术著作、社会调查、报纸、杂志、访谈笔录等发现问题来源。通过查阅和阅读文献，一是可以明确该问题是否已经被研究，进展到何种程度；二是可以评价现有研究的质量，发现现有研究的经验与不足。因此，阅读文献中的审慎、批判的态度是十分重要的。在阅读文献过程中，要从不同侧面、不同层次、不同角度，对阅读的文献展开社会学的想象，形成自身的想法。

具体地说，通过查阅、阅读和评价文献选择课题，应当注意以下几个问题：一是注意已有研究文献忽略的一些问题，即发现现有知识链条中的空白点，并对之进行研究。二是注意研究结果中相互矛盾的地方，如两个或多个研究者对同一研究问题的结论不一致，要多留意这样的问题，分析其不一致的原因是什么，是否值得进一步研究。三是已有研究在方法方面存在问题，如测量工具不完善、某些变量未得到有效控制等，需要进一步改进测量工具或严格控制变量后进行研究。四是对研究文献中已有的一些研究进行必要的重复和验证，因为在社会科学研究中，仅有一个或少数几个研究并不能得出普遍性的规律，应用不同的研究范围、研究方法等验证研究是必不可少的。

2. 从现存理论中选题

理论是对经验事实的高度化概括，通过理论可以对尚未研究但应当能观察到的社会事实做出理论推测，并通过检验进而获得科学知识。此外，不同理论看待同一事物的观点存在差异，同一理论的不同学派之间也存在争论，了解这些争论的历史、现状和焦点，是发现问题、提出问题的重要途径。

此外，现有的理论都产生于独特的社会历史背景，随着社会经济的发展，理论的适用环境发生着变化，那么在新的历史背景下，原理论是否适用，还存在哪些缺陷和不足之处等，都是选题的重要切入点。

3. 从社会实践中选题

人类的认识活动可以划分为两类：一类是探索性认识，即以探索、发现、挖掘前人未有、未发现的知识成果为目的的认识活动；另一类是传承性认识，即以人类已有知识的纵向继承和横向传播为目的的认识活动（李祖扬，1996）。社会科学研究以探索性认识为目标，是对社会行为或社会现象普遍规律的探索。因此，研究者根据社会需要、看清时代潮流，选择当前社会实践中迫切需要解决的一些问题，是课题选择的重要策略之一。但在实践中发现这些问题，必须善于观察并保持好奇心，科学研究主要由好奇心推动。对观察的和好奇的事物必须反复思考，对现有的"范式"类知识保持怀疑态度，当发现已有知识的某些方面有漏洞、不完善或与事实不符时，就会发现好的选题，这是反思现有成果而发现选题的方法。

此外，从现实生活或个人经历寻找中发现了某个研究问题后，还需要进一步阅读相关的文献，看学者们是否对这个问题进行了研究，进行了哪些方面的研究，取得了哪些成果，还有哪些研究不足，从文献阅读中发现自己研究的切入点。如果已经有学者对该问题进行了深入研究，且研究结论也比较一致，那么学者再次研究该问题的意义就不大，就要继续寻找研究问题，反之，如果学者对该问题的研究还有待完善，那么学者就要梳理已有研究的成果与不足，为自身的研究提供经验。文献阅读与研究问题的关系如图 2-2 所示。

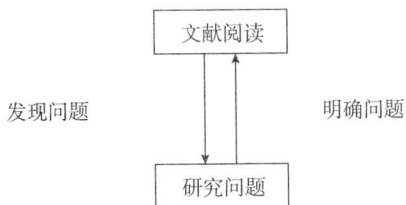

图 2-2　文献阅读与研究问题的关系

4. 不同学科、领域间的借鉴与交融

现代社会科学的研究很少局限于某一个学科，跨域研究越来越普遍。有时候可以将某个学科领域的原理、经验、方法应用到其他领域，从而促进新课题产生。剑桥大学的贝弗里奇教授曾说："移植是科学发现的一种主

要方法，大多数发现可以应用于所在领域以外的领域，而应用于新领域时，往往有助于进一步发现。"例如，"耦合"本是通信工程、软件工程、机械工程等工程中的专业名词术语，后被学者应用到公共管理学领域。

5.同行、同领域之间的交流

作为研究者，参加国内外学术会议，与同行交流探讨是必不可少的。参加与自身研究相关的学术会议，一是可以展示自身成果，听取相关领域专家的建议，完善研究；二是听取同领域专家学者目前的研究问题与研究成果，可拓展自身的研究思路，获得研究启发。除了学术会议外，在平时的学习和生活中，也可以私下沟通交流，如举办学术沙龙等。

第二节　选题的基本原则

研究选题是社会科学研究的开端，要选择一个好的研究题目，就必须遵循价值性、创新性、可行性、适合性，以及明确具体的基本原则。

一、价值性

价值性，又称重要性，是指一项研究所具有的理论意义和实践意义，也即其所具有的社会价值。

理论意义，是对一门学科的发展，某种理论的形成、拓展、修正、检验，社会现象的解释，社会规律的认识等做出新的理论贡献。

实践意义，指研究课题对现实生活中存在的社会问题的科学回答，以及提供合理的解决方法。选题如果针对客观现实需要，解决了社会发展中迫切需要回答的问题，实践价值就较大；如果仅关注个人兴趣，就很难获得反响和支持。

面对多个选题，评价一个选题是否具有价值性，需要对自己提出以下问题：这项研究有没有用处，如果有，有哪些用处，用处多大？无论是加深对社会现象、社会过程、社会规律的认识理解，还是解决社会问题、改善社会治理，越是有用处的问题越是好问题。

二、创新性

选题的价值不仅在于社会需要，还在于其创新性，并不是所有的问题最后都可以成为研究课题，只有具有创新性的问题，才能成为研究课题。创新性是研究课题应当包含某种新的东西，具有某种与众不同的地方，具有自身独特的特点。创新基本有三种形态：取代、修正完善和延伸。取代是用一种新的理论/观点取代另一种理论/观点，如全面二胎开放政策替代了计划生育政策。修正完善是发现现有理论/观点不完备时的补充修正，如留守儿童抗逆力的微观视角完善了其心理健康的解释机制。延伸是对已有理论/观点的深化与发展，即所谓的"站在前人的肩膀上"。

从社会科学研究的具体实践来看，一项研究的创新性主要包括了问题的创新、理论的创新、方法的创新、研究视角的创新、研究思路的创新、研究对象的创新等（见表 2-2）。

表 2-2 创新的类型

创新的类型	简介
问题的创新	前人没有研究过的、全新的问题，如我国在改革开放初期有关留守儿童的研究，现在关于全面开放二胎政策的研究等，这些都是在新时代背景下产生的新的社会问题。但是这种完全的新问题是非常少的，无论在哪个领域，国内外学者完全没有涉足的问题几乎是不存在的。那么，要研究一个新问题，可以通过缩小已有研究的范围来实现，如很多学者都研究留守儿童的心理健康问题，如何缩小研究范围呢？从研究对象年龄来看，留守儿童的年龄分布为 0~17 岁，可以选择一个特定的年龄阶段进行研究，如学龄前留守儿童、初中阶段的留守儿童；从性别来看，可以集中研究女性留守或男性留守儿童中的一个类型；从研究内容的心理健康方面来看，包括了幸福感、孤独、抑郁、行为失范、意外伤害等不同的维度，可以集中对某一个具体的维度进行研究。如可以选初中期留守儿童的堕胎行为进行研究，这个小的题目学者们可能研究的就比较少了
理论的创新	有关社会行为、社会过程、社会现象的理论解释机制并不一致，并由此形成了不同的理论流派，不同理论流派对同一个事物的理论解释并不一致，因此，当用一个不同于以往研究的理论对同一事物或现象进行解释时就属于理论创新。此外，理论创新也是对社会现象或事件的本质、规律等提出新见解、突破了传统的理论体系或框架。如对留守儿童的心理健康状况，既可以使用抗逆力理论进行解释，也可以使用社会支持理论进行解释

续表

创新的类型	简介
研究方法的创新	研究方法的创新包括使用的具体研究方法的创新、资料收集方式的创新、资料分析方法的创新。如对留守儿童行为失范的研究，既可以使用调查方法也可以使用实地研究方法、文献研究方法；具体资料收集方式可以使用调查问卷，也可以使用参与式观察、深度访谈或现存统计资料的收集方法；对收集上来的数据资料，可用不同的分析方法进行具体分析，如质性资料分析中的分析归纳法和连续比较法等
视角的创新	不同的学科领域研究同一个问题的视角是不一样的，如对于留守儿童，社会学主要从社会结构、社会规范、家庭环境等视角阐释其产生的原因；心理学则主要以不同量表测量留守儿童的心理健康状况，并应用定量研究方法分析其心理健康的影响因素；教育学主要探讨留守儿童的教育公平、学业成就及教育支持等。此外，研究视角也包括了不同研究对象的视角，如对于留守儿童的心理健康，留守儿童、父母/祖父母、学校老师、同伴的视角也可能是不一样的
研究思路的创新	研究既可以采用演绎推理法，也可以使用归纳法。既可以采用"是什么—为什么—怎么办"的思路，也可以采用"应然—实然—差异分析—政策建议"的思路
研究对象的创新	一些实证材料仅针对某一地区、某一特定类型群体，那么针对其他地区、其他类型群体的研究就属于研究对象的创新。如有学者研究华北地区留守儿童的心理健康状况，那么对珠江三角洲地区留守儿童的心理健康状况进行研究就属于实证材料创新。

三、可行性

任何活动都是在一定历史背景下进行的，必须考虑当时的主客观条件，科学研究当然也不例外。可行性，指研究者应根据现有的主、客观条件及各种社会因素来选题。

从主观层面来看，研究者首先要考虑自身和团队的研究能力，除了性别、年龄、语言、体力外，更重要的是要考虑知识结构、社会经验和研究经验、组织能力、操作技术、分析能力等。一般来说，研究者要选择自己学术领域内相应的课题才更容易成功。此外，进行社会实证调查还应当具有较强的组织能力，协调各种社会关系，尤其是社会上的各种资源。如有学者要研究雄安新区的城市规划，就必须认识雄安新区政府的相关工作人员，否则这项研究很难进行。

客观条件是指研究经费、研究时间、研究队伍、相关文献资料的获取等。社会因素则包括了经济、政治、文化和道德因素。如果研究经费来自于政府或基金会，那么研究选题必须符合政府或基金会的宗旨。另外，选题也要符合社会规范，尤其是国家的政策法规。如之前有学者研究天生犯罪，从生物学角度解释犯罪是天生的，其刚开始就受到了大量的批判和反驳。

四、积累性

学者们一般都有自己的研究方向，研究方向一般是指在一个较长的时间内从事研究活动的工作方向，其规定了学者在一个时期内的研究领域和内容。很多成功的学者，一个时期甚至一生都集中在一个研究领域。研究者在一个时期内有稳定的研究方向是很必要的，可以使研究工作具有连续性和积累性，这种积累性一方面可以为选题提供线索和范围，另一方面可以深化所要研究的问题，知道该问题在已有研究中的地位和作用，促使研究者多维度地对研究问题进行深入思考，而不是流于表面认知。

此外，社会科学研究既要讲究研究基础，又要关注当前社会领域的热点、难点问题，如当代社会的住房贵、看病难、教育不均衡以及贫困等问题。研究者要从这些当代社会亟待解决的问题出发，找到适合自身研究的切入点，密切关注自身研究领域的热点难点问题，为社会发展提出政策建议。如果自身的研究方向与当前社会的前沿问题不相关，那么还要坚持之前的研究方向吗？答案是肯定的，一般来说，稳定的研究方向比盲目地寻求社会热点更重要，因为只有研究积累才能创造出高层次的成果。

五、明确具体

只有题目明确具体，才能有效地开展研究工作。社会科学研究的选题，要从大处着眼（上着天），小处着手（下着地）。选题要让别人一看就知道研究什么，清晰明确。那么如何达到研究问题的明确具体呢，这就要实现研究问题的明确化。

第三节 研究问题的明确化与表述

有学者曾经将好的选题总结为"小""清""新"三个方面。"小"即问题要小，不能过于宽泛；"清"即清楚、明确、具体；"新"即有新意，有创新性。研究问题的明确化，就是在研究问题创新性的基础上，实现"小"和"清"。

一、研究问题明确化的含义

对于初学者来说，选题含糊、宽泛、笼统是经常犯的错误，如果研究问题过于笼统和宽泛，研究者将会阅读太多的文献，并写出一篇没有重点的文章。因此，一项研究开始前必须缩小研究范围，将问题写得具体些。将这种最初的、粗糙的问题转变为具体的、切实可行的研究问题，就是研究问题的明确化。

研究问题明确化，是对研究问题进行某种界定，把较为含糊的想法变成明确的问题，把比较宽泛的研究范围变成特定的范围或特定领域，把笼统的研究对象变为具体的可以操作的具体对象（风笑天，2001）。研究问题明确化是选题过程中很重要的一环。通过这一环节，可以把研究关注点集中在某一个领域的具体方面。明确后的研究问题，一般是几个概念（一般两个，最多三个）之间的关系，一个研究问题包括一个或数个因果关系。

二、研究问题明确化的方法

研究问题不是研究领域，而是比较具体的学术问题。明确一个研究问题，可以从以下几个方面进行：一是缩小研究的范围，即缩小一个大的研究的调查范围，如一个地区缩小为一个省、一个市，甚至一个单位，这个研究范围有其特殊的意义。二是缩小研究对象，如对大学生脱发问题的研究，大学生包括了专科生、本科生、研究生（硕博）不同类型，因此，可以将研究对象缩小为研究生。三是缩小研究内容，就是把比较抽象的研究主题变为可以操作化的具体问题（有关概念的操作化下一章进行详细介绍），如可将对社会融合的研究分为文化融合、政治融合、经济融合、心理融合等不同的子课题。

研究问题的明确化，即研究问题要小题大做，化大为小，化抽象为具体。如留守儿童心理健康状况的研究，是个比较大的研究主题，要进一步对其明确化，可进行如下操作：

一是研究范围的缩小，将对全国农村留守儿童的研究缩小为对特定地区农村留守儿童的研究。

二是研究对象的缩小，将性别、年龄、健康状况、监护情况、经济情况等作为分类标准，选择某一类具体的儿童，如研究初中寄宿的留守女童。

三是缩小研究内容，进一步明确留守儿童的心理健康状况研究具体是针对心理综合测量、抑郁、焦虑、孤独、社会适应、学习态度与学习障碍、行为失范、智力、人格气质中的哪一个维度开展的，是留守儿童的孤独感测量，还是学习态度问题等，明确研究的具体内容是什么。

三、研究问题的表述

研究问题明确化后，就是研究问题的表述。研究问题的表述是一项研究的具体化，决定了研究方向，之后研究过程的各个环节都围绕着研究问题开展。因此，研究者应结合自身明确化的研究问题，反复推敲，给出一个恰当的表述方式。

一个好的研究问题表述，能够反映出所要研究问题的最主要的信息。

拟定研究问题要注意以下四个方面：

一是核心概念的选择与界定。研究问题的表述要选择适合的概念，概念是研究的核心，一般的研究是对两个或三个关键概念之间因果关系的探讨，其前提必须对核心概念的内涵与外延进行明确，进而使研究在统一的基础和前提下进行。

二是研究问题的表述必须有确定涵义，即要清楚地说明研究的对象、视角和方法。研究题目要清楚、准确地表达研究的角度、总体范围等，只有在特定的研究范围内，才能聚焦研究问题，明确研究结论的适用范围。

三是研究问题的表述应当是名词性表达，而非肯定式表达。研究问题的表述不是论文题目的表述，论文题目是研究成果的表现形式，是根据研究结论进行的表述，而研究问题的表述要体现问题性，最好采用名词性表达，如"全面二孩政策下城市地区 0~3 岁婴幼儿托育服务体系研究""实现积极老龄化的公共政策及机制研究"等。

四是研究问题表述要规范、简洁、严谨和醒目。从国家社科基金申请题目的统计情况来看，研究问题的表述一般为 15~25 个字，字数太少，表达不清楚项目要研究的主要内容，字数太多又过于复杂，不知所云。此外，研究问题表述要规范、科学，使用学术性语言，不能使用大白话和比喻句，也不能使用生造词语，以免造成理解上的歧义。

四、课题申请中选题方面的常见问题

在课题申请中，研究问题的选取和表述对申请成功与否有重要意义。一般来说，课程申请不成功在选题方面主要有以下几种问题：

一是选题缺乏创新性，缺乏时代性。如前所述，研究选题的一个重要原则就是创新性，前人未有研究的"填补空白"的研究虽然非常难但申请成功的可能性比较大。不过这里需要说明的是，在确立选题前，应当有针对性地阅读文献和查找往年相关研究问题的立项信息，从而最大限度地避免与前人研究的重复。通过文献回顾和信息查询，可以了解国内外学术界现阶段的研究重点，以及相关研究的成果与不足，这对于确定研究选题与研究方向是非常有价值的。

二是选题时概念不准或概念界定不清，对选题进行表述时不明确。如"XX 的社会保障制度研究"，在我国，社会保障的内涵范围太广，此处是指正式的社会保险、社会救助或社会福利，还是非正式的互助、慈善，有待明确。

三是选题太大，涵盖内容太多，或者时间跨度太长导致专家学者认为申请者无法驾驭。如"明清社会救助研究"，这个问题时间跨度太大，如果没有深厚的科研能力和扎实的研究基础，就很难申请成功。

四是选题太小，涵盖内容太少。研究范围太小且缺乏特色和深度，支撑不起丰富的研究经费支持。

五是选题指向不明。如"社会保障制度若干问题研究"，"若干"两字不规范。

六是选题缺乏理论嵌入、地域嵌入、领域嵌入，不能体现申报者的比较优势。

七是选题缺乏前期研究成果支持，把握不了研究方向和研究深度。

第四节　研究假设

大胆的假设，小心的求证。……做学问的方法是一样的，我们的经验，我们的学问，是给我们一点知识以供我们提出各种假设，所以"大胆的假设"就是人人可以提出的假设。……做学问、上课，一切求知识的事情，一切经验——从小到现在的经验，所有学校里的功课与课外的学问，为的都是供给你种种假设的来源，使你在问题发生时有假设的材料。

——胡适

假设与研究目的相关联，有明确的目的性，同时假设也是有待验证的学术思想，指引着研究方向。

一、研究假设的概念

研究假设（Research Hypothesis），是在研究课题确定后，依据理论、知识、经验或事实资料，对所研究问题的规律或原因做出的推测性论断和假定性说明，是在研究之初对研究问题预测的一种或几种可能的结论或答案（佟德，2006）。

一个典型的研究问题通常涉及两个或多个变量之间的一个或一组关系，研究假设则指明了研究问题中两个或多个变量之间关系的性质，以及变量之间相互作用的程度，如"留守女童比留守男童表现出更多的心理问题""留守儿童较普通儿童孤独感更强"等。提出的研究假设，一是要有一定的科学依据，其是依据一定的理论、研究者已有的知识、经验材料和一定事实而提出来的，并不是纯粹想象出来的；二是具有一定的推测性，虽然假设的提出有一定的依据，但未经过经验资料的证实，只是一种对研究问题答案的推断和推测，有待于经验资料的检验，最后可能证实，即证明假设检验是成立的，也可能证伪，或者部分证实、部分证伪；三是要有对称性，即研究假设之间不能有任何自相矛盾或无法自圆其说的地方，要与研究问题相对应，不能过宽或过窄，因为研究假设是对研究问题的分解或者具体化，研究问题决定着研究假设的范围，如研究留守儿童的心理健康，就不能提出"留守儿童较普通儿童生理健康更差"的研究假设；四是能够用实证的方法检验，涉及学术研究中概念的抽象性与操作化；五是应当是陈述句式，并且清楚简明，一般是对两个变量关系明确、清楚的说明（彭波，2006）。

二、研究假设的类型

根据不同的标准，可以将研究假设划分为不同的类型。根据研究假设内容的性质和复杂程度，可以划分为预测性假设、解释性假设和描述性假设；根据研究假设在表述变量关系上的倾向性，可以分定向假设、非定向假设；根据研究假设中变量的关系变化的方向，可以分为条件式假设、差异式假设、函数式假设（见表2-3）。

表2-3　研究假设的类型

划分标准	类型	简介
研究假设内容的性质	预测性假设	对事物未来发展趋势的科学推测，是基于对某事物历史和现实的深入、全面了解，提出的一种对未来趋势的预测的假设
	解释性假设	解释事物内部联系，提出本质和规律方面的假设
	描述性假设	是对研究对象外部表现大致轮廓的描写，是对研究对象"是什么"的假设，如"留守儿童心理健康较差"
研究假设在表述变量关系上的倾向性	定向性假设或单尾假设	研究者不仅断言变量之间有一定关联，而且预测出这种关联的方向，如"在宿舍待的时间越长，学习成绩越差"
	非定向性假设或双尾假设	研究者仅断言变量之间有一定的关系，但是不愿意预测变量之间关系的实际方向，如"在宿舍待的时间长短与学习成绩相关"

续表

划分标准	类型	简介
研究假设中变量的关系	条件式假设	研究假设中两个变量关系的表述，一般采用"如果 A 那么 B"的表达方式，A 是先决条件，B 是后果，如"受教育程度高的女性的生育率低"
	差异式假设	两个变量之间一定程度上存在差异关系，表达形式是"A 与 B 在某个变量上有 / 无差异"，如"年龄不同的人，生活方式不同"
	函数式假设	两个变量存在因果共变关系，用数学形式表达，即 $Y=f(X)$

研究假设在科学假设中具有重要作用，一是可以为研究指明方向，使研究范围更加确定，研究内容更具体，起到了纲领性作用；二是可以保证研究问题直指研究成果，研究的直接目的就是为了验证研究假设，进而回答研究问题；三是可以保证研究者合理设计研究方案、选择研究方法。具体的研究假设的提出，可使研究者能够根据假设内容的性质，针对要收集的数据设计研究方案并选择检验方法。

三、如何提出研究假设

1. 提出研究假设的方法

提出研究假设有两种基本方法：演绎法和归纳法。演绎法是从一般到个别的过程，是从某一理论出发观察一个特定的对象，并对这一对象的有关情况进行推测，即从一般性理论或规则推测出个别现象或对象的状况。归纳法是从个别到一般，即从多个个别事实中概括出有关事物、现象的一般性认识或结论。研究者经常在对特定事物进行观察的基础上，提出更一般性的假设。

2. 提出研究假设的程序

第一步：在正式的研究假设提出前，需要阐明研究假设的前提，即其依据一定的科学知识和事实所形成的一些基本观点。这些基本观点也就是课题研究的理论支撑，既可以是研究的理论前提，也可以是被公众认可的经验或一般事实。如根据抗逆力理论，个人在面临风险时拥有应对能力，那么在留守儿童研究中的一个基本观点就可以是"留守儿童并非一个完全同质的群体，并非所有留守儿童的心理健康水平都低"。

第二步：提出研究假设。依据一定的基本观点提出的研究假设是对因果关系、相关关系的一种假定性描述，即对所要研究的变量之间关系的说明。因此，提出研究假设的过程是确定主要变量及其相互关系的过程。

在社会科学研究中，只有研究假设是不够的，还需要"小心求证"。研究假设最大限度只能解释、说明一个或一系列问题，但是不能肯定一个问题，因为其本身尚未得到证明。

第三章

文献综述

　　文献是科学研究的基础，当选择并明确了研究问题后，需要对研究问题所涉及的相关已有文献进行系统的检索、阅读、梳理与分析，并最终形成文献综述。

第一节　什么是文献综述

一、文献综述的含义与特征

1. 文献综述的含义

　　文献是科学研究的基础，文献综述又称文献回顾，英文为"literature review"，是对文献进行查找、阅读、选择、比较、分类、分析和归纳、总结和评论的完整过程。文献的搜集、整理、分析为文献综述的撰写奠定了基础。文献综述在整个研究过程中处于最初阶段，与研究问题的选择和研究设计两个部分的关系最为密切（见图3-1）。

图3-1　文献综述在社会科学研究过程中的地位

　　在选择研究问题的时候，学者需要了解该问题产生的背景和来龙去脉。文献综述是对学术观点和理论方法的整理，是评论性的，要带着批判的眼光（Critical Thinking）来归纳和评论文献，而不仅仅是相关领域学术研究的"堆砌"。评论的主线，要按照问题展开，看别的学者是如何看待和解决提出的问题的，他们的方法和理论是否有什么缺陷。要是别的学者已经很完美地解决了你提出的问题，那就没有重复研究的必要了。

2. 文献综述的特征

（1）综合性。文献综述要覆盖所有重要文献，围绕研究的中心问题展开探索，尤其是与自身假设和发现不一致的文献和理论。在对大量文献进行综合分析、归纳整理、消化鉴别的基础上，使文献更精练、更明确、更有层次、更有逻辑性，进而把握本课题发展规律和预测发展趋势。

（2）评述性。文献综述应全面、深入、系统地论述某一方面的问题，对所综述的内容进行综合、分析、评价，反映作者的观点和见解，并与综述的内容构成整体。一般来说，综述应有作者的观点，否则就不成为综述，而是单纯的文献整理了。

文献综述必须充分理解已有的研究观点，并用合理的逻辑（或是时间顺序、或是观点的内存逻辑、相似程度等）将它们准确地表述出来并对综述内容进行综合、分析、评价，反映作者的观点和见解并与综述内容构成整体。如果综述仅仅是将前人的观点罗列出来而未进行系统分类、归纳和提炼，那么内容就会十分杂乱，缺乏内在的逻辑，这样不利于厘清已有研究结果之间的关系，难以认清某问题研究的发展脉络、深入程度、存在的问题等。

（3）前沿性。文献综述应该关注学术的最新发展，将最新的信息和科研动向及时传递给读者。

（4）相关性。在坚持全面原则的同时，我们又不能对所有文献不加选择地包揽。我们只需要回顾与本研究直接相关的或间接相关的文献，不需要讨论不相关的文献。

（5）连贯性。研究综述应该自始至终围绕一条主线，为作者的思路服务，一步一步推演出研究假设。初学者很容易被烦琐的文献牵着鼻子走，偏离主题。

二、文献综述的功能与作用

文献综述在社会科学研究和学术论文写作中发挥着基础性和关键性的作用，它既是进入学术门槛的基本技能与素养，同时也反映着一个学者的学术影响与学术地位。通过对自身课题相关成果的归纳总结，可以：

（1）总结与自身课题相关的已有研究成果，包括研究思路、研究方法、研究结果等，为研究者提供新的思路与思考问题的角度。

（2）在总结的基础上，作者通过对已有研究主题的归纳与分析，构建自身研究问题的框架，并为自己的研究提供完整的研究思路。

（3）总结研究问题在已有研究中的地位与位置，通过对已有研究成果与不足的分析，引申出作者研究问题的创新点。

（4）在相关问题的分析与评价方面，为研究者研究发现的深层次探讨提供借鉴参考，加深对研究发现的认识。

第二节 如何检索文献

一、检索文献的标准

文献检索是科学研究的基本，评价文献检索质量的重要指标有两个：查全率和查准率。

查全率是指检索出的相关文献量与系统文献库中相关文献总量的比率，它反映该系统文献库中实有的相关文献量在多大程度上被检索出来。

查全率 = 检出相关文献量 / 文献库内相关文献总量 × 100%

查准率是指检索出的相关文献量与检索文献总量的比率，是衡量信息检索系统检出文献准确度的尺度。

查准率 = 检索出的相关文献篇数 / 检索的全部文献篇数 × 100%

查全率和查准率都非常重要，其中查全率是论文质量的重要保证，因此在阅读时要对于检索的论文进行筛选。

二、检索数据库

1. 中文检索常用数据库

中国学术期刊全文数据库 CNKI，最常用的检索方式是主题检索、关键词检索、篇名检索、全文检索、作者检索等。在实践中，学者对与研究问题相关文献的查找主要依赖于两个方面：一是研究主题，即题目中的（1~2个）关键概念，如医养结合、社会焦虑、手机依赖等；二是研究对象，如留守儿童、失能老年人等。图 3-2 为 CNKI 初始页面，可以直接在输入框中输入研究主题或研究对象。

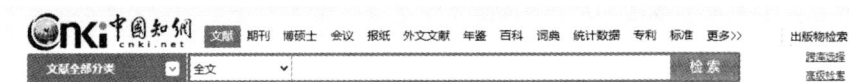

图 3-2　CNKI 的初始页面

资料来源：CNKI 数据库官网，https：//www.cnki.net/。

如果单独选择研究主题或研究对象检索，文献数量可能过大，比较好的方式是将两者结合起来。这样可以选择输入框右边的高级检索，之后会出现图 3-3 所显示的页面。在高级检索页面，可以同时输入多个检索词，也可以对论文的出版时间进行限制，还可以对论文的质量进行控制，如只选择 CSSCI 来源，则检索出的论文都是 CSSCI 期刊来源论文。

图 3-3　CNKI 的高级检索页面

资料来源：CNKI 高级检索界面，http：//kns.cnki.net/KNs8/AdvSearch？ dbcode：SCDB。

2. 英文检索常用数据库

对于英文文献检索，常用的检索数据库有"西文过刊全文数据库"（JSTOR）、ProQuest、Elsevier Science Direct 数据库、"百链"外文一站式搜索服务平台、SCI 科学英文索引、SSCI 社会科学英文索引。其中，JSTOR 数据库的期刊发表时间都比较早，文献比较老；"百链"不能直接下载，而是直接发到预留的邮箱，过一段时间才能查收；SCI 和 SSCI 数据库只能查到题目摘要等信息，如果要详看全文，还要将题目复制到"百链"下载。图 3-4 为 JSTOR 的页面，可以直接在输入框中输入检索词，或者点开"Advanced search"，根据主题（Topic）、关键词（Keywords）、作者（Author）等进行检索，以增加检索词而缩小检索范围（见图 3-5）。

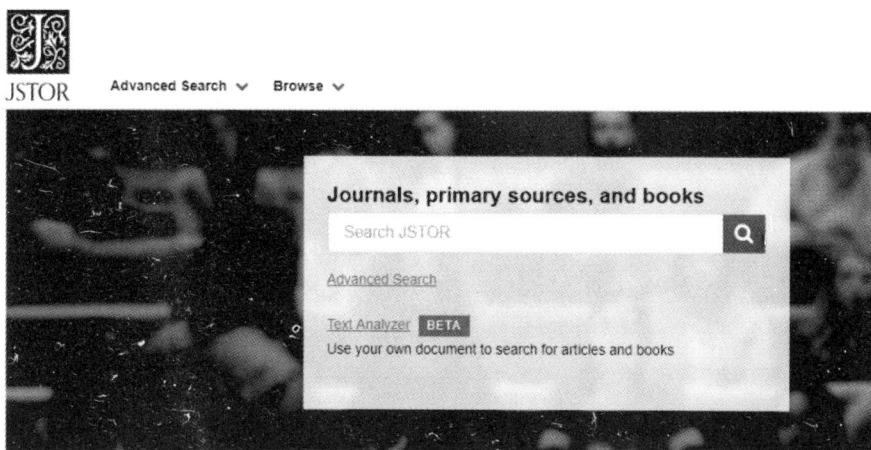

图 3-4　JSTOR 的初始页面

资料来源：http：//www.JSTOR.org。

其他的西文数据库，比如 ProQuest 等的检索方式也大都与此相似，若想了解具体的检索方式，读者通过网络进行检索和查找，可以向图书馆老师咨询，也可以参加图书馆开设的诸如"科技信息检索"等课程或者相关讲座系统地学习。

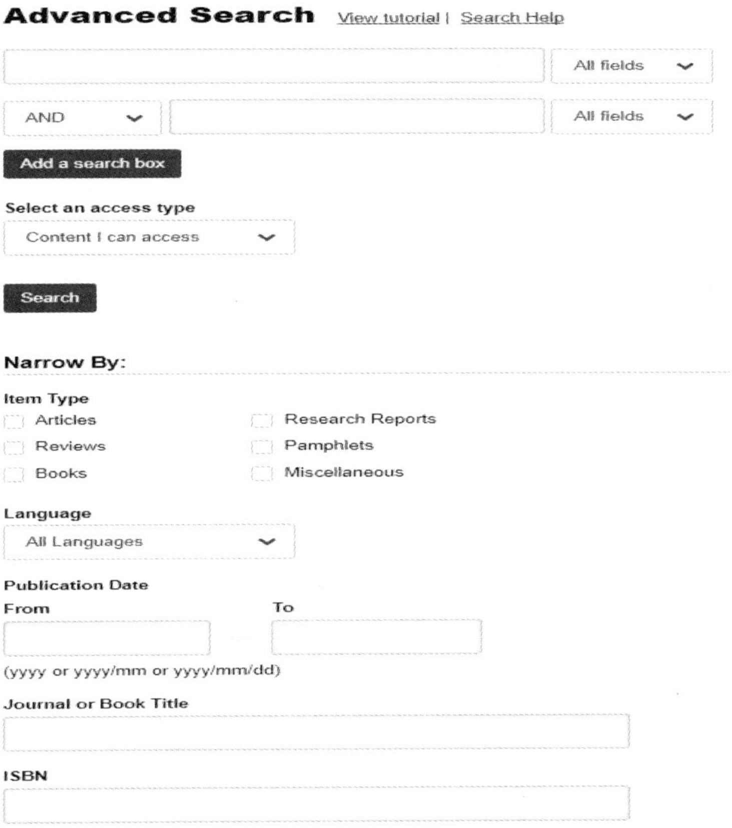

图 3-5　JSTOR 高级检索页面

资料来源：http：//www.JSTOR.org/action/show Advanced Search。

3. 检索小技巧

（1）转换检索词。每一个检索词都有可能有多种表达形式，如果是由英文翻译过来的还有可能有多种翻译形式，所以应该尽可能找全检索词的所有同义词、近义词、相关词。相关词指的是与检索词不是同一个意思但是有关联的词，如医养结合的同义词就包括了整合照料、Inclusive Care、Integrated Care 等。值得注意的是，在检索中文文献的时候，有必要把英文的全称和缩写也作为检索词，因为有些中文文章中是直接用英文词汇表示的。

（2）使用上位概念。上位概念即指代范围更广的概念，有些问题已有研究比较少，则可以选用上位概念，如贫困儿童的上位概念包括困境儿童、处于不利处境的儿童等。

（3）改变检索项。检索时，如果检索词位于标题中或为关键词或为主题，检出记录数太少，则可改为要求位于摘要或全文中，检出记录数即可增加。

（4）改变布尔运算符。将连接两个或多个检索词的 AND 改为 OR，即可提高检出数量。

以上说的是在同一个数据库中进行检索，但是，每一个数据库所收录的文献都是有限的，而不同的数据库可能存在一定的互补关系。所以，为了提高查全率，应该多检索几个数据库，将结果综合起来。有时，即使是将目前所有的数据库加起来，也不能囊括所有的文献。因此，有时可以采用"滚雪球"的方式，即在已经查到的文献的"参考文献"中或有些数据库提供的"相关文献"中进行查找，看有无"漏网之鱼"，也可以请教相关领域的专家，看看是否有重要的文献没有检索到。

通常我们检索的文献都是英文和中文的，对于其他语种的则不做要求。如果要求查全率很高，则可以检索一些其他语种的文献，如日文、法文、德文等。当然如果自己不会那门语言，即使查到了，阅读也是一个问题。如果真是非常重要，不妨请人翻译过来。

第三节　如何阅读文献

阅读文献是科研人员获取科研信息的重要途径。从文献检索到文献阅读，是一个筛选的过程，到了总结阶段，其实所剩的文献已不多，也就是说，并不是每一篇文章都需要总结。我们要筛选那些需要总结的文献，筛选的标准根据自身的研究问题定，因此，有必要养成先读摘要和结论的习惯。

一、文献的选择

如果检索出的文献很多，那么如何选择文献进行阅读，可应用以下方法：

1. 按相关性选择

尽可能挑选那些与自己研究题目相关的文献。

2. 按被引率选择

学者引用相对多一些的文献，其重要性也会更高，通常是该领域的经典文献或争论的焦点文献，或对某一领域全面综述的文献。

3. 按可靠性选择

要尽可能挑选那些来源可靠、资料可靠和质量可靠的文献。可靠性主要是指来自权威的、官方的文献资料。

4. 按期刊质量选择

搜索期刊论文时，一般选择 CSSCI、北大核心、SCI、SSCI 来源期刊，专业性强、学术水准高的刊物上的论文的总体质量要好一些。

5. 按时间选择

检索文献时，应注重检索最近三年或五年的重要文献，因为要把握该问题的前沿或最新的研究动向。

6. 按作者的知名度选择

一般来说，学者的知名度越高，研究的总体水平越高，其论文质量也相对越高。

与研究主题相关的参考文献往往构成"倒置的三角形"（见图 3-6），这个倒三角的底端是正在计划中的论文课题，这项研究的范围很窄而且集中，但学者可以参考与该主题相关的内容，或者与研究对象类似的群体的相关研究，尽管这些参考资料与自身的研究并不直接相关，但仍具有参考价值。

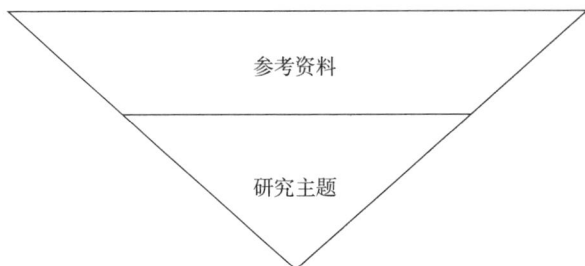

参考资料

研究主题

图 3-6 研究主题与参考资料的倒三角关系

二、如何阅读文献

面对诸多文献，如何阅读是一门学问。阅读文献时，要带着问题。读一篇论文要弄清楚以下三个问题：

（1）论文使用了什么研究方法，解决了什么问题；

（2）论文所依据的理论是什么；

（3）论文有哪些创新，有哪些不足。

阅读任何文献或专著，都要记录清楚文献题目、出处、作者、发表年代、期卷、页码等信息，这些信息在以后引用文献时都会用到，不要嫌麻烦，若有多个作者需要记录所有作者。

阅读一篇文献，先要阅读题目，然后是摘要和关键词，一个规范的摘要是可以完整呈现这篇论文的精华的，也就是说，看完摘要，人们就能知道这篇论文"用了什么样的方法，研究了什么问题，得出了哪些结论，有哪些启示"；之后看结论部分，主要是看这些结论与自身的研究是否有联系；接下来看参考文献，主要是了解作者是依托哪些文献形成论文的主要观点的，同时也有助于找到有用的文献；最后看论文的逻辑结构。如果这篇论文对自身研究非常有用，那么，可以精读正文，否则没必要。对于重要文献，要达到熟悉的程度。这类文献在不同时期读有不同时期的理解，如开题阶段，可能比较注重某个方向或领域的理论和观点、实验方法和技术手段；在实验阶段，可能比较注意进行结果之间的比较，根据文献结果和变化规律，对自己的结果进行一些趋势预测；在论文写作阶段，可能会比较关注结果分析、理论学说的验证等。与之相应，多数文献只需要泛读，可能只需要读读题目、看看摘要，也可能只需要浏览一下图表等。

当然，阅读本身不是目的，而是手段，是研究的手段。在研究成果指引下的精准阅读，会是高效率的阅读。研究成果，包括论文、著作等，每做一项学术研究，都要求学者们集中时间和精力完成文献评述。

阅读文献和专著是需要积累的，做科研一定要坚持阅读新文献和著作。读文献是个量变到质变的过程，阅读量大了，积累多了，需要总结的方面就多了，通过知识整合，知识框架会逐渐完善，写论文时就会得心应手。在积累过程中，要对文献进行归类管理，最好借助文献管理软件，如Endnote、NoteExpress，按照研究领域、发表时间等条件分类储存。对文献的总结和整理，不是对论文内容的简单重复，而是批判性总结，批判的角度有很多：问题与方法的对应性、方法与数据的对应性、研究结论的可推广性等。

第四节　如何撰写文献综述

撰写文献综述，主要是总结该研究方向前人已经做的工作，了解当前的研究水平，分析存在的问题，指出可能的研究问题和发展方向等。文献综述由"综"和"述"两部分组成，"综"是根据所阅读的文献进行综合的分类、提炼、概括，"述"则是在"综"的基础上对文献的评述，是决定综述质量的关键，需要作者基于自身的理论水平、专业基础、分析问题与解决问题的能力提出自己独特的见解。

一、文献综述的组件

1. 文献综述的引言

包括撰写文献综述的原因、意义、文献的范围、正文的标题及基本内容提要。

2. 文献综述的正文

这是文献综述的主要内容，包括某一课题研究的历史（寻求研究问题的发展历程）、现状、基本内容（寻求认识的进步），研究方法的分析（寻求研究方法的借鉴），已解决的问题和尚存的问题，重点、详尽地阐述这些研究对当前的影响及发展趋势，这样不但可以使研究者确定研究方向，而且便于他人了解该课题研究的起点和切入点，在他人研究的基础上有所创新。

3. 文献综述的结论

文献研究的结论，指出目前研究取得的成果、存在的不足，以及进一步的研究展望等。

4.参考文献

列出参考文献，说明文献综述所依据的资料，增加综述的可信度，便于读者进一步检索。参考文献在一定程度上反映了综述的深度和广度。

二、如何引用文献

文献综述的写作经常要引用一些文献，对引用的文献要注明出处。引用别人的文献一般分为直引、意引两种。其中，直引是直接摘抄他人文献中的原话，这种情况比较少，多为引用经典著作。直引必须使用双引号，必须注明引用的文献和页码，如果是引用一段文字，这段文字需单独成段，使用与原文不同的另一种字体。意引是仅引用他人文献的愿意，不引用原话，这是文献综述经常使用的方法。

引用别人文献必须要标明文献的出处，其方式主要有尾注、脚注和夹注三种，在同一篇论文中，所使用的注释形式必须统一。社科类文献综述经常使用的是夹注。尾注和脚注，在 Word 文档中可在"引用"栏目下操作。

夹注和参考文献同时使用，常见的写作方式有以下几种：①期刊论文：（作者，发表年），如（张三，2018），或者作者（发表年），如张三（2018）。②著作：（作者，年份：页码），如（张三，2018：20），或者作者（发表年：页码），张三（2018：20）。如果引用多篇文献，则用"；"隔开。

夹注所应用的文献，需在文后"参考文献"中列出供读者查阅，参考文献一般按照作者首字母进行排序。例如：

学界关于不同年级组大学生老年歧视的研究结论也并不一致。Allen 等（2009）的研究表明，不同年级组大学生的老年歧视并没有显著差异，换言之，老年歧视在社会中是根深蒂固的，不会随着年龄的增长而发生变化。但 Kalavar（2001）的研究却表明，较年轻的本科生表现出更严重的歧视态度。

参考文献：

Allen P D，Cherry K E，Palmore E. Self-reported ageism in social work practitioners and students［J］. Journal of Gerontological Social Work，2009（52）：124–134.

Kalavar J M.Examining ageism：Do male and female college students differ？［J］. Educational Gerontology，2001（27）：507–513.[①]

尾注又称篇尾注，即在全文的末尾集中表明出处来源，被引文献以出现的先后顺序排序，并且与正文用一条横向隔开。

脚注又称页末注、页中附注，就是在当页的下端（页脚）加注。这种加注检查方便，易于阅读。有时一些论点在正文不便展开，但又非常重要，通常以脚注方式标明。脚注常以"①、②、③"或"［1］、［2］、［3］"表示，仅在当页连续排序，每页重新编号。正文中的脚注号一般在标点符号之后，如"，[①]""。[②]"等，除非专门用来说明句子中的某个词，如"……凯恩斯主义[①]……"。

三、克雷斯威尔关于文献综述必备的五要素

约翰·W.克雷斯威尔曾提出过一个文献综述必须具备的因素的模型，他认为文献综述必须由五部分构成：序言、主题1（关于自变量的）、主题2(关于因变量的)、主题3(关于自变量和因变量两方面阐述的研究)、评述。

（1）序言主要是告诉读者该文献综述涉及几个部分，属于论文章节构成的陈述，也即文献综述的总述。

（2）综述主题1，关于"自变量或多个自变量"的学术文献的综述。在几个自变量中，可以仅综述每个变量的一小部分，或者仅关注单一的、重要的自变量。

（3）综述主题2，关于"因变量或多个因变量"的学术文献的综述。和自变量一样，也是可以仅综述每个变量的一小部分，或者仅关注单一的、重要的因变量。

（4）综述主题3，关于"自变量和因变量关系"的学术文献的综述。这部分内容应当包括与自身研究主题最为接近的研究。如果没有关于研究主题的文献，那么就要找到与主题相近的部分，或者在更广泛的层面上梳理

---

① 资料来源：栾文敬、刘静娴.青年大学生老年歧视研究评述［J］.老龄科学研究，2016，4（5）：69–80.

与主题相关的研究。

（5）总结，对已有研究文献的评述，主要是阐释已有研究的成果，总结已有研究的不足，从研究不足中寻找自己研究的出发点。

其中，第四部分是最重要的，也是最难的，通常有两个方面的问题。一是阅读量不够，找不到相关的文献；二是分析不深入，找不到已有研究的精髓，以及自己可能的突破等。

四、文献综述的写作步骤

文献综述的写作到底包含几个步骤，学者们的意见是不一致的。哈里斯·库珀（2013）将其概括为五个阶段：问题的形成、文献检索、数据材料评估、分析和解释、研究结果的表述；劳伦斯·马奇（2014）则划分为六个步骤，分别是：选择主题、文献检索、展开论证、文献研究、文献批评、文献撰写；阿琳·芬克（2014）更是提出了文献综述的六项任务：选择研究问题、选择目录或文章数据库/网站/其他信息来源、选择检索词、应用实用筛选标准、进行综述、综合结果。由此来看，文献综述的写作应当从问题的选择与确定开始，到写作结束。其中，比较重要的阶段如表 3-1 所示。

表 3-1　文献综述的写作步骤

序号	步骤	具体内容
1	选择研究问题	选题是文献综述写作的关键环节，选题要突出一个"新"，即选题新、资料新。一般综述的选题都是近年来发展较快、进展较大而切合实际需要的课题。资料新是指引用的文献以近 3~5 年学术性期刊上发表的论文为主，陈旧性的资料随时间的进展可能被新发表的资料所包含或超越，失去了被归纳综合的意义
2	文献收集	包括检索和初步筛选两个方面
3	文献阅读和分类	阅读的同时，要批判地分析研究中存在的问题与不足，以便发现尚未研究的问题。按照一定的标准进行分类，以便后续研究。分类可参考的标准包括：按学科领域划分、按学术观点或学术流派划分、按研究的发展阶段划分、按研究方法的运用划分等

续表

序号	步骤	具体内容
4	文献的加工、比较和评论	对文献的核心发现按照一定的原则或标准进行整理、陈述，使之系列化、条理化。分类要力求准确无误、全面理解。对不同的发现进行分析、比较和评论时，要保持自主性和独立性、客观公正，既要肯定优点，又要指出不足，对于不同或矛盾观点的分析和评论，要注意选择合适的视角
5	拟写提纲	文献综述写作开始之前应拟写一个写作提纲，以便对主题与材料加以安排和组织，这是写作前的一项重要工作。这样可以使文章层次分明、逻辑清晰、前后照应。应围绕主题来组织文献综述，注意各主题之间的逻辑顺序关系
6	成文和修改	提纲列好后，一般应在短期内（一到两周）写出初稿，以免时间拖得太长造成思路前后脱节、文笔不畅等。一旦动笔，最好一气呵成，初稿完成后放置2~3天再修改，反复修改直到满意，有时也可以发给同行征求意见。修改过程中注意不同版本的区分

在撰写文献综述过程中，有一些问题需要注意：

（1）注重写作的连贯性。写作最好是一气呵成，不要在写一个问题时去思考另一个问题。这里指两种情况：一是在写一个问题时发现了对另一个问题有用的材料；二是在写一个问题时发现了另一个问题的错误、疏漏或其他。这个时候，不要停下来，只需要用便签备注一下，备注完之后继续之前的写作直到完成。写作完成后，再回过头来整理另一个问题。

（2）为了论证一个结论，有时需要引用文章主题之外的文献，或者需要从文献引用的文献里去找论据，转引文献中的数据非常有必要去查证，以避免错引文献和错引数据。

（3）参考文献的整理与修改。参考文献是写作非常重要的一部分，建议在引用时就直接将参考文献按照标准格式写好，避免论文完成后找不到参考文献的出处。此外，参考文献格式一定要统一。

（4）参考那些引用率比较高的文献，是文献综述质量的保障。一般来说，最早研究的文章、具有里程碑意义的文章必须引用。

五、关于文献综述写作的常见问题

1. 选题过大

综述虽然是综合论述某课题的文稿，但论述范围不能过于宽泛，否则篇幅过长，容易使论述主题不集中。选题要切合实际，简洁明了，能够概括全篇主题，且能引人注意。单纯追求选题的大而全，范围过于宽广，反而会出现选题过宽而内容过窄，文题不符的问题。

2. 没有文献综述

有些人的论文中没有文献综述，理由是这个题目的研究较少或者没有相关文献，这种想法的产生是因为对文献综述的理解存在偏差，认为文献综述只是对该具体问题的研究，其实学者们对同一个问题的研究肯定不多，但正如之前所述，文献综述可以借鉴相关领域、相关主题、相关群体的研究，或者借鉴研究主题的上位概念进行文献梳理。之所以有人说没有相关文献，可能是学生未努力去查阅文献。

3. 文献综述没有紧扣主题

有些文献综述并未紧扣主题，未围绕论文的主题来筛选文献，而是写了很多与主题不相关的内容，如回顾了与专题相关的整个领域的发展，导致文献综述漫无边界，不能反映出论文的特色。这种写法，容易导致写作上的随意性。有些作者为了追求篇幅，就在文献综述部分增添内容，以至于文献综述的篇幅过长，而真正进入正题的文字却不多，说明作者并没有理解文献综述的定位和作用。

4. 文献综述缺乏权威性

文献综述不是系统化地回顾现有的文献，而是有选择性地探讨现有文献，遗漏了一些权威或经典的文献，缺乏权威性和学术性，这也表示作者未认真进行文献阅读，不熟悉所研究领域，对文献的掌握和理解不到位。

5. 简单罗列堆砌文献，只述不评

有些文献综述仅是对问题的简单罗列，每一段的开头都简单地列出XX（年份）说，然后就无下文了。这种文献综述看不出作者所采用的文献间的内在逻辑，也没有清晰地推导出已有研究得出的成果和不足之处，仅是作者的读书心得和资料汇编，读者既看不到"问题的来龙去脉"，也看不到"证明的来龙去脉"。

6. 参考文献时间跨度太大

参考文献不是越多越好，也不是时间跨度越大越好。虽然具体的数量难以规定，但原则上期刊论文的参考文献一般在 20 条以内，最多不超过 30 条，从时间维度来看，文献一般以近 3~5 年为宜。

7. 间接和转引文献

参考文献必须是原始的文献，而且必须亲自查找并阅读过。有些学者为了省时间，写作时直接把其他论文的参考文献拿过来，这不仅违反参考文献引用的基本原则，而且对读者而言也是极不负责任的。

六、定量研究和质性研究中的文献综述

根据研究性质的不同，不同研究中文献综述的运用方式也有差异。

在定量研究中，一般都会安排专门的一节，称为"文献综述""文献回顾"等，包括数量可观的文献，目的主要是探讨研究问题中关键变量之间的关系，或者为提出研究假设服务。此外，在对数据分析结果进行讨论的过程中，也要涉及相关的文献，主要运用相关的文献对研究结果进行解释，或者与自己研究结果进行比较分析。

在质性研究中，《扎根理论的发现》（*The Discovery of Grounded Theory*）（Glaser，Strauss，1967）突出质性研究应当从收集和分析数据开始，而不是像定量研究那样先去综述现有的研究。虽然后来他们修正了这一观点，但仍影响着人们对质性研究文献综述的理解。与定量研究不同的是，质性研究不是要从已有研究中推导研究假设，而是"提供相关的情景知识，以便研究者能更好地对自身研究实地中获得的陈述和观察进行分类。或者通过与已有发现的对比，判断当前这项研究有何新颖之处"（伍威·弗里克，2011）。

质性研究所能利用的文献依据研究方法不同而不同，质性研究与文献的关系可以分为三种模式（见表 3-2）：第一种是在研究序言中的文献综述，文献为研究问题或观点提供有用的背景；第二种是与定量研究一样，单独成节，主要适用于民族志研究、批判式研究等以理论为前提的质性研究，学者要把理论分析和文献综述单独作为一部分，尤其是在研究开始时；第三种是把文献综述融入研究成果，通常与研究成果进行比较和对照，这种

模式在民族志研究中比较受欢迎。

表 3-2 质性研究中的文献运用

文献的运用	标准	适用的研究类型举例
文献通常用于研究序言中，以便拟定问题	必须有文献可用	可用于所有的质性研究
以"文献综述"的名义在一个独立部分提出	在那些熟知传统方法，实证主义和文献综述的读者中，本办法是可接受的	这种方法适用于在开始研究时便用了有很大影响的理论和文献背景的研究，比如民族志研究、批判理论研究等
在研究的最后提出文献，是与质性研究结果进行对比的基础	本方法最适宜于"归纳性"定性研究过程；文献并不指导和控制研究，但研究模式或种类一旦明确，它就是很好的助手	这种方法可用于所有质性研究设计，但它最适宜在扎根理论研究中使用，其间作者可以把其理论与文献中找到的其他理论进行对比

因此，在质性研究中，文献综述放在开头，是为了框定问题，单独成一节或放在研究结尾部分是为了与当前研究成果进行比较或对照。

第四章

概念的操作化与测量

　　社会科学研究的问题与现象的本质大部分是无法通过直接观察或简单描述而获得的，社会研究者需要通过将具体事物转变为可操作、可测量的变量与指标进行分析。本章对概念及其操作化进行解释，并对测量的基本概念、类型与工具及其质量评估进行概述。

第一节　概念、变量与指标

一、概念

　　概念在社会科学研究中具有重要意义，是研究者认识和反映研究对象各方面情况、性质、特点、程度和规模的重要工具。概念是对现象的一种抽象，是一类事物的属性在人们主观上的反映。一般来说，按照概念反映的对象可以把概念分为物体概念、事件概念、关系概念、反映人的心理取向或价值取向的理论概念（见表4-1）。

表4-1　概念的分类

分类标准	具体的类型	案例
概念反映的对象	物体概念	既包括各种具体的物体、社会实体等，如桌子、商场、电视、老人、儿童等，也包括物体或实体的属性，如长、短、红、圆、黄等

续表

分类标准	具体的类型	案例
概念反映的对象	事件概念	既包括各类正在发生或进行的现象，如学习、工作、跳舞等，也包括事件的属性，如紧张、愉悦、适当等
	关系概念	物体、事件及属性之间的关系，如友谊、同伴、夫妻、同事等
	反映人的心理取向或价值取向的概念	如幸福感、焦虑、紧张等
	理论概念	社会融合、社会资本、社会化等
是否可直接观察	直接概念	可直接观察的事物、物体或现象，如儿童、打架、游行等
	间接概念	无法直接观察，如智力、文化、动机等

概念具有不同的抽象层次，抽象层次越高，其覆盖面越大，特征也就越含糊，同时，概念越抽象其解释力越强，能够在一个比较高的层面上解释被研究的现象。反之，其覆盖面越小，特征也就越明确，容易达成共识。对于抽象概念来说，其概念界定可能并不相同，进而会导致对抽象概念所涉及的经验现象的认识也会不同，概念的操作化主要就是针对抽样程度较高的概念。

案例分析

如图 4-1 所示，对某个群体的社会地位的调查，"社会地位"的抽象程度较高，可以把社会地位分为先赋地位和成就地位两个维度，这两个概念所包括的内容比社会地位要小，特征也更为明确一些。同理，先赋地位又可以划分为户籍、性别、民族等，这些概念的抽象程度更低，可以在现实世界找到相应的对应物；成就地位可以划分为教育程度、职业类型、收入水平等。

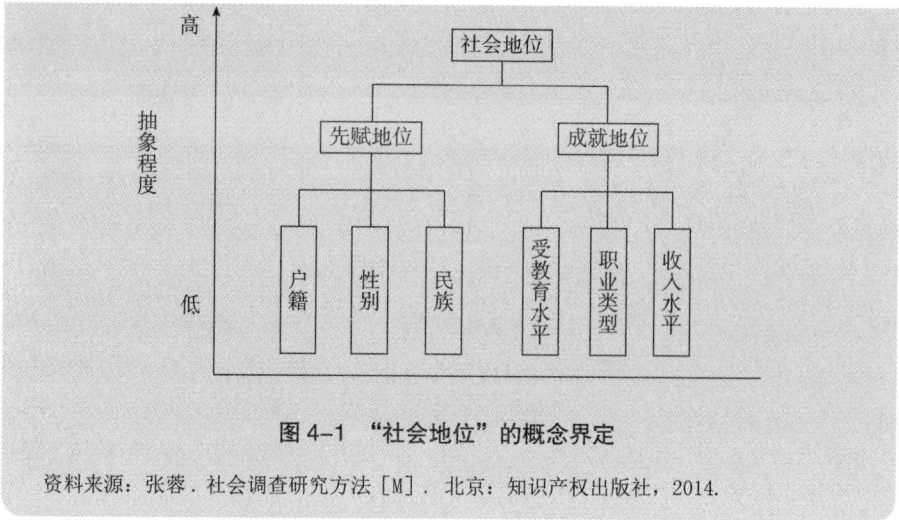

图 4-1 "社会地位"的概念界定

资料来源：张蓉. 社会调查研究方法 [M]. 北京：知识产权出版社，2014.

二、变量

1. 变量的定义

变量（Variable）是概念的一种类型，是通过对概念的具体化而转化出来的。在社会科学研究中，概念是属于抽象层次的，而变量则属于操作层次。一个概念包括两个及以上的取值或范畴时就是变量，如户籍一般包括城市和农村两个范畴，因此户籍就是变量，与此类似的还有年龄、性别、受教育水平等。如果一个概念只有一个固定不变的取值，那么其为常量，如性别中的男性与女性，性别是变量，男性就是常量。一般情况下，变量和常量是相对的，在一定的时空条件下，某一概念才能被确定是变量还是常量。如只有女子学校等特定的学校，性别才是常量，如果是普通学校，那么性别就是变量。在社会科学研究中，虽然研究的主要是变量，但有些常量也比较重要，如性别比，性别比常量可以用来估计人口性别比的变动，超过这个值可能意味着人口性别结构发生异动。

2. 变量的分类

变量根据不同的标准，可以划分为不同的类型。如根据测量水平，可以分为类别变量（Categorical Variable）、定量变量（Quantitative Variable）；按照变量承担的角色，可以分为自变量（Independent Variable）、因变量（Dependent Variable）、中介变量（Mediating Variable）、调节变量

（Moderator Variable）和额外变量（Extraneous Variable）等。详细介绍如表4-2所示。

表 4-2　变量的分类

分类标准	类别	特征	范例
测量水平	类别变量	由一个现象的不同种类或类别组成的变量，又可分为有序的类别变量和无序的类别变量。有序的类别变量是各类别有程度的区别，无序分类变量是类别或属性之间无程度或顺序的差别，又可以分为二项分类和多项分类	"性别""户籍""民族"都是无序的分类变量，性别是二项分类，民族是多项分类。受教育程度，分为文盲、小学、初中、高中、大学等，因此属于有序分类变量
	定量变量	因一个事物的程度或数量不同而变化的变量，通常涉及数字	年龄、年收入、受教育年限等
承担的角色	自变量	引起其他变量发生变化的变量称为自变量，一般用 x 表示	在研究中，学者们倾向于使用"→"表示"引起"或"导致"。当一个变量影响另一个变量，或者说一个变量的变化"引起"或"导致"另一个变量发生变化时，就形成了因果关系，表述为"X → Y"，如"吸烟→肺癌"
	因变量	由于其他变量的变化而导致自身发生变化的变量称为因变量，一般用 y 表示	
	中介变量	出现在自变量和因变量之间，表明自变量影响自变量的一种方式或途径。通俗讲，自变量通过中介变量对因变量产生作用 自变量→中介变量→因变量 或者　　中介变量 　　　↗　　↘ 自变量→因变量	在涂尔干的《自杀论》中，发现结婚的人比单身者自杀率低，自变量是结婚与否，因变量是自杀率，那么结婚与否是如何影响自杀率呢? 涂尔干认为，结婚的人社会整合度要高，进而导致较低的自杀率。社会整合度就为中介变量

续表

分类标准	类别	特征	范例
承担的角色	调节变量	其所要解释的是自变量在何种条件下会影响因变量，即当自变量与因变量的相关程度或关系方向受到其他因素影响时，这个其他因素就是调节变量 调节变量 ↓ 自变量→因变量	如养老金影响子女对老年人的经济支持，但对不同经济水平的老年人的影响是不同的，经济水平就是中介变量 老人经济水平 ↓ 是否有养老金 → 子女的经济支持
	额外变量	有些学者也称为无关变量，或者控制变量，即除了自变量之外，其他可能与结果相关的变量，如果不对额外变量进行控制或处理，自变量和因变量的关系可能会受到影响，即结果源于特定的额外变量，而非自变量	只有将自变量以外一切能引起因变量变化的变量控制好，才能弄清两个变量之间的因果关系。如父母受教育程度对儿童学业成绩的影响，除了自变量外，还要控制与儿童学习成绩相关的其他影响因素，如性别、家庭经济状况、与老师的关系等

资料来源：伯克·约翰逊等.教育研究：定量、定性和混合研究方法［M］.重庆：重庆大学出版社，2015.

3. 变量之间的关系

变量之间的关系为两个或两个以上变量相联系的性质。一般来说，变量间的关系分为相关关系、因果关系和虚无关系三种（见表4-3）。

表4-3　变量之间的关系

变量间关系	简介
相关关系	相关关系是指两个变量一同起变化，即 x 变化，y 也发生变化，反之亦然。相关分为正相关和负相关。正相关是指变量 x 的增加，y 也增加，或者 x 减少，y 也减少，如受教育水平越高，月工资水平越高等。负相关是指随着变量 x 的增加，y 反而减少，或者随着变量 x 减少，y 反而增加，如受教育水平越高，失业率越低。两个变量存在的相关关系可能是因果关系，也可能不是

变量间关系	简介
因果关系	x 是导致 y 的原因，即因为 x 的变化导致 y 的变化。衡量因果关系的标准：两个变量有相关关系，x 先于 y 发生，x 与 y 之间的因果关系不受其他因素的影响，如游泳死亡人数越高，冰糕卖得越多，游泳死亡人数与冰糕售量呈正相关关系，但是两者不具有因果关系
虚无关系	两个变量之间没有关系，或者一个变量的变化无法预测另一个变量是如何变化的

三、指标

指标（Indicators）是用来测量变量的，只表示变量内涵的某一方面或某一方面的部分内容，因此要测量变量必须有多个指标，而指标的取值则是指一个指标所包含的子类别。按照属性指标，可以分为客观指标和主观指标两种。客观指标主要用来测量社会生活的事实或条件，是反映客观状况的测量指标，如性别、年龄、受教育水平、工作状况等；主观指标主要是测量个人对某种现象或事物的感受、评价和态度，如生活满意度、对某个事件或事物的看法、特殊情况下会怎么办等。一般来说，有些变量的测量既包括客观指标，也包括主观指标，如生活质量的测量指标体系。

四、概念、变量和指标的关系

变量是概念的具体表述方式，概念必须用变量的形式反映。抽象程度较低的概念可以直接成为变量，如性别，但是抽象程度较高的概念则需要通过操作化的方式建立一套指标体系进行测量。从概念到指标是一个演绎、分析的过程，概念操作化不是分别描述一个个具体指标的结果，而是通过对一个或多个指标的测量来说明与之相对应的、比较抽象的概念。研究者通常采用两种方式寻求抽象概念的测量指标：一是寻找和利用已有的成熟的指标体系，国际或国内学者通用的指标体系，优点是可以与其他学者的研究结果进行比较，也比较有权威性，不用再去证明其效度；二是如果没有成熟的指标体系，研究者则先进行一段时间的预调查，从中获得问题的答案，在对研究问题有一定了解的基础上，设计测量指标体系。概念、变量和指标三者之间的关系具体如图 4-2 所示。

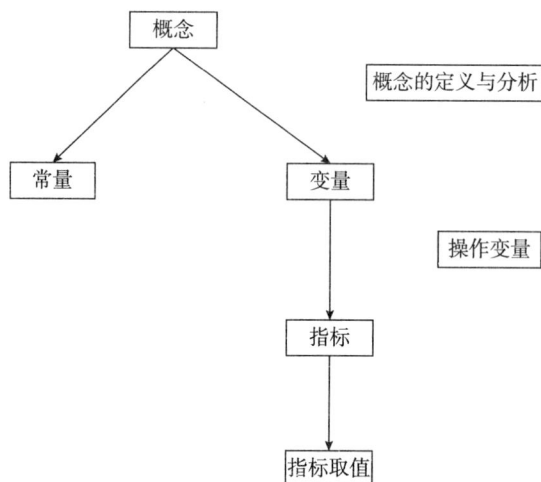

图 4-2　概念、变量、指标之间的关系

五、概念操作化

所谓概念操作化，是通过某种人为的处理，把原本抽象的概念转变为在经验层次上可以具体测量的指标。例如，"性别"这个概念抽样程度不高，"男""女"两个具体的概念就可以表明如何测量。对于"生活质量""社会融合"等比较抽象的概念，可以通过收入水平、住房状况、预期寿命等维度进行测量。在一项社会科学研究中，一般仅有少数几个核心抽象概念需要进行操作化，这关系到研究的质量，因此必须认真对待。

概念操作化的主要任务就是将那些原本只靠思维去理解、去体验的东西，变成我们能看得见、摸得着的东西，从而使任何存在的（社会）事物可以测量。一般来说，概念操作化的流程是一个从抽象层次（概念）到经验层次（指标），使概念成为可操作、可观察事物的实践过程，可以表述为：概念→概念化→操作化→现实世界中的测量。

概念化是指界定概念，给出概念的理论陈述，即对概念下定义。如"社区"这个抽象概念，有人曾列举出 64 种不同的理论定义，之后学者通过分析和分类，发现这些定义大都涵盖"地域""共同纽带""社会互动"三个基本元素，所以从理论上可以把"社区"界定为"一定数量居民组成的，具有内在互动联系和文化维系力的地域性的生活共同体"。

研究中的核心概念的概念化，既可以引用权威的或学者们达成一致意见的定义，也可以在借鉴其他学者定义的基础上，自己加以定义。但在进行概念操作化之前，都必须澄清概念。概念化为操作化提供了一个指导性的框架，可使在现实世界中进行的测量不至于与概念无关或者关系不大。

对概念进行理论定义后，就要选择测量的指标。这一阶段要确定：如何测量变量；用哪些指标来测量变量。

最后是编制综合指标。对于那些简单的变量可以采用一两个指标，如性别这个变量，可以用男、女两个指标测量，但对于一些复杂变量，则需要使用多个指标度量。

案例分析：社区社会资本概念的操作化

首先，研究者对与社区社会资本相关的文献进行了综述，对社区社会资本的维度进行了汇总与分析（见表4-4）。

表4-4 社区社会资本的维度

维度	出处	注释
参与社团或组织	Lochner et al., 1999；Onyx &Bullen, 2000；Harpham, 2007；De silva, 2006；Grootaert, 2003；Grootaert &Van Bastelaer, 2002；De Silva et al., 2006；Kawachi et al., 2004；Narayan &cassidy, 2001	侧重于参与体及社会团体，如社区志愿性团体
地方性社会网络	Lochner et al., 1999；Harpham, 2007；De silva, 2006；Grootaert, 2003	个人的社会网络，强调结构性联系
非正式社会互动	Lochner et al., 1999；Kawachi et al., 2004；Narayan & Cassidy, 2001；Onyx & Bullen, 2000	强调日常的互动和社交

续表

维度	出处	注释
信任	Harpham, 2007；Grootaert, 2003；Grootaert &Van Bastelaer, 2002；De Silva et al., 2006；Kawachi et al., 2004；Narayan & cassidy, 2001；Onyx & Bullen, 2000	包括一般信任与特殊信任，后者主要指地方性信任
互惠	Harpham, 2007；Grootaert &Van Bastelaer, 2002；Kawachi et al., 2004	愿意帮助他人并相信他人在未来某个时刻也会帮助自己和他人；是对即时个人利益与整体利益关系的正确理解
志愿主义	Lochner et al., 1999；Kawachi et al., 2004；Narayan & Cassidy, 2001	志愿主义是指个人无偿帮助他人或者愿意无偿帮助他人
社会支持	Lochner et al., 1999；Harpham, 2007；De silva, 2006；Grootaert &Van Bastelaer, 2002；De Silva et al., 2006；Kawachi et al., 2004；Narayan & Cassidy, 2001；Onyx & Bullen, 2000	个人能获得的地方性社会支持
社区凝聚力	Lochner et al., 1999；Desilva, 2006；Grootaert & Van Bastelaer, 2002；Narayan & cassidy, 2001；Onyx & Bullen, 2000	侧重于社区居民是否能够和谐相处，没有社会排斥
社区归属感	Lochner et al., 1999；Desilva, 2006；Grootaert & Van Bastelaer, 2002；Kawachi et al., 2004	侧重个人与社区的情感联系（Sentiment）
家庭社会成本	Desilva, 2006	家庭内的社会关系，通常只有在研究特殊的领域（如教育）时才关注
工作联系	Onyx & Bullen, 2000	考虑到工作空间与生活空间的分离这一事实，社区社会资本测量不需要将工作联系作为独立的维度

续表

维度	出处	注释
参与公共事务	Lochner et al., 1999; Desilva, 2006; Grootaert &Van Bastelaer, 2002; De Silva et al., 2006; Kawachi et al., 2004; Narayan & Cassidy, 2001	该维度与政治参与接近, 属于社会资本的后果
集体行动	Grootaert &Van Bastelaer, 2002; Grootaert, 2003	社会资本的后果
非正式控制	Lochner et al., 1999; Harpham, 2007; Kawachi et al., 2004;	该维度同时反映了集体行动（后果）和社会规范维度, 但其是否应该作为社会资本的测量值得商榷

在文献综述基础上，结合中国实际情况，研究者设计了一个较为完整的测量量表（见表4-5），量表中部分指标的信度与效度通过了来自其他国家与地区的数据的检验。

表4-5　社区社会资本测量指标

参与地方性社团或组织

A1　你是否有参加社区中的社团　0（没有），1（有）

地方性社会网络（Network）

N1　小区里和你见面会彼此打招呼的邻居数量
N2　关系好到可以登门拜访的小区居民数量
N3　你的知心朋友中，有多少人居住在小区内
N4　你的普通朋友中，有多少人居住在小区内

社会互动（Sociability）

SOC1　你个人上个月的手机费是多少元
SOC2　过去两周你和朋友通电话的次数
SOC3　最近两周你拜访邻居的次数
SOC4　最近两周邻居拜访你的次数
SOC5　最近两周有多少次和非家庭成员一起吃饭、喝酒、泡吧等活动

信任（Trust）

T1　你在多大程度上信任居委会　1（很不信任）~4（信任）

续表

信任（Trust）

T2　你在多大程度上信任业委会　1（很不信任）~4（信任）

T3　如果有机可乘大多数人会设法利用你，还是会尽量公正对待你　1（利用我），4（公正对待）

T4　一般来说. 你认为大多数人是可以信任的，还是和人相处要越小心越好　1（需要小心），4（可信任）

T5　你在多大程度上信任小区居民　1（很不信任）~4（信任）

志愿主义（Voluntarism）

V1　如果有问题影响整个小区，你会主动发动其他居民一起解决问题吗　0（不会），1（会）

V2　如果有人发动居民来解决问题，你是否会参加　0（不会），1（会）

V3　如果小区一个公共项目不直接对你有利，你是否会为此付出时间　0（不会），1（会）

V4　如果小区一个公共项目不直接对你有利，你是否会为此付出金钱　0（不会），1（会）

社会支持（Solidarity）

SOL1　你是否经常征求邻居的意见　1（几乎从不）~4（经常）

SOL2　你是否可以顺利从邻居家借到需要的东西　1（不可以），4（可以）

SOL3　如果你有一天要出远门，能不能指望小区其他居民帮你收挂号信、拿牛奶和报纸等　1（不能），4（能）

SOL4　过去三个月，小区居民是否曾经为你提供帮助　1（否），4（是）

社区凝聚力（Cohesion）

C1　小区里大部分人愿意相互帮助　1（不同意）~5（非常同意）

C2　大部分小区居民参与意愿很高　1（不同意）~5（非常同意）

C3　你对小区中发生的事情很感兴趣　1（不同意）~5（非常同意）

C4　总的来说，小区居民之间的关系是和睦的　1（不同意）~5（非常同意）

C5　我是小区内重要的一分子　1（不同意）~5（非常同意）

社区归属感（Sentiment）

SE1　在小区有家的感觉　1（不同意）~5（非常同意）

SE2　喜欢我的小区　1（不同意）~5（非常同意）

SE3　告诉别人我住在那里很自豪　1（不同意）~5（非常同意）

SE4　如果不得不搬走会很遗憾　1（不同意）~5（非常同意）

资料来源：桂勇，黄荣贵. 社区社会资本测量：一项基于经验数据的研究 [J]. 社会学研究，2008（3）：126-146，248-249.

第二节　测量的定义与层次

一、测量的定义

所谓测量，或者社会测量，是依据一定的规则，将研究对象的属性或特征用一组符号或数字表示出来的一种方法。测量通过对现实社会的观察，以变量的属性来描述事物，最终确定研究对象某个属性的类别或水平，其中类别体现为研究对象的定性说明，水平则是对研究对象的定量说明。测量包含了四个不可缺少的要素，如表 4-6 所示。

表 4-6　测量的要素

测量的要素	界定
测量客体	即测量对象，既是客观现象或事物，也是解释和说明的对象。在社会科学研究中，最常见的测量客体是人以及由人组成的各种社会群体、社会组织和社区等社会群体
测量内容	即测量对象的某种属性或特征，如测量个人的性别、年龄、受教育程度、婚姻状况、健康状况、职业类型等
测量法则	即对具体的测量内容和测量行为进行操作的规则。如要测量健康状况，可以将健康程度划分为五个等级，数字越大表示越健康。根据测量规则，这些抽象的数字符号反映了一个人的健康状况
数字和符号	用来表示测量结果的工具，如性别测量中，1 代表男性，2 代表女性，这些数字仅是一种抽象的代表符号，并不具有实际的数字意义。需要注意的是，有些数字是有意义的，如收入、年龄等

与自然科学中的测量相比，社会科学中的测量具有以下三个特征：

（1）社会现象测量的标准化和精确化程度较低。由于社会现象较复杂，且测量社会现象的方法也不统一，因此，针对同一社会现象，学者们根据不同的测量方法可得出不同的结果，且测量结果之间不具有可比较性。

（2）对社会现象的测量受人为因素的影响较大。人既是测量的客体或对象，又是测量过程的主体，导致测量会受到其价值观念、思维能力、情感等方面的影响，带有一定的主观色彩，进而影响测量的客观性。

（3）测量虽用数字或符号表示测量对象的属性和特征，但与自然科学中的数字意义并不完全相同，尤其是对于类别变量，如地域、性别、婚姻状况等，测量数字并不具有数学意义，而仅代表一种抽象符号。

二、测量的层次

社会科学研究中，社会现象具有各种不同的属性和特征，因此对社会现象的测量就具有不同的测量层次和标准。学术界普遍将测量的层次分为定类测量（Nominal Measurement）、定序测量（Ordinal Measurement）、定距测量（Interval Measurement）和定比测量（Ratio Measurement）四类（见表4-7）。

表 4-7　测量的层次

层次	定义	具体说明
定类变量	依据定性原则区分总体个案类别的变量。定类变量的值可以对研究对象分类	性别分为男性、女性两类；婚姻状况分为未婚、已婚、离婚、丧偶等类别。设计定类变量类别时要遵循穷尽原则和排斥原则
定序变量	区别同一类别个案中等级次序的变量。定序变量的值可以对研究对象的高低或大小进行排序	文化程度可以分为大学、初中、高中、小学、文盲等。这些变量取值既可以区分异同，也可以区别研究对象的高低或大小，但需要注意的是，其只是排列顺序，并不能反映出大于或小于的数量或距离
定距变量	区分同一类别个案中等级次序及其距离的变量，除了包括定序变量的特征，还可以反映出高低、大小之间的数量或距离差	分数100分、90分、80分、70分，这一定距变量说明，前后两个变量的差相等。此外，温度的10度、20度、50度等也是定距变量

续表

层次	定义	具体说明
定比变量	也是区分同一类别个案中等级次序及其距离的变量，除了包括定距变量的特征，因具有一个真正的零点，所以还有乘与除的数学特质	收入是定比变量，因为 0 元代表没有收入。智商属于定距变量，但不是定比变量，因为智商为 0 并不代表没有智力，也不能说智商 140 是智商 70 的两倍

在社会调查中，明确不同的测量层次所具有的不同的数学性质非常重要，因为这涉及根据不同的测量层次来选用不同的统计分析方法。

第三节　量表

量表（Scale）是一种测量工具，不同于单一指标测量，其属于复合测量，由多个具有逻辑结构或经验结构的项目组成。量表在心理学领域应用比较普遍，如 2010 年由人民军医出版社出版的《常用心理评估量表手册》，收集了国内 70 多个常用的心理评估量表。量表可以分为总和量表（Summated Scale）、李克特量表（Likert Scale）、累积量表（Guttman Scale）、语义差异量表（Semantic Scale）（见表 4–8）。

表 4–8　量表的类型

量表类型	介绍
总和量表	也称总加量表，最初的形式是请被试者对一组语句或问题做出"同意"（0）或"不同意"（1）的选择，累计相加的分数就被视为被测试者在这个量表上的态度得分，分值越低，同意度越高。因此，总加量表就是根据被测试者在一组语句或问题上测得的分数相加所得的值，反映被试者由这个量表测量出来的态度强弱。总加量表最初的形式是每个语句的方向都是单维的，或者是一个方向的，回答的类别仅为"同意"（0）或"不同意"（1），分数累计之后就得到这个量表测量的态度分数，如生活满意度指数 A（Life satisfaction Index A，LSIA）等。需要注意的是：这样的总加量表有一个前提或假设，即每一个态度陈述都具有同等的效果，也就是说它们在反映人们的态度方面是平等的，不同陈述之间都是同等重要的，不存在差别

量表类型	介绍
李克特量表	李克特量表是总加量表的特殊形式，也是社会调查中用得较多的一种量表形式。 其对一般总和量表进行了改造，一是被试者不再简单地回答"同意"或"不同意"两类，而是分成了"非常同意"（5）、"同意"（4）、"不确定"（3）、"不同意"（2）、"非常不同意"（1）五类，或者"非常赞同""比较赞同""无所谓""比较反对""反对"五类；二是增加了反向语句，防止测量中出现"顺从回答"①的倾向
累积量表	也称戈特曼量表，是戈特曼在1944年设计使用的。其基本假设在于若量表中各项目强弱不同，则当某受测者比第一受测者更赞同时，则应该有更多条目的赞同度，且是积累的。累积量表的设计是单维度的，其语句结构内含着非常严格的由强变弱或由弱变强的逻辑关系，被试者对上一条语句的回答决定了他对下一条语句的选择，如鲍格达斯的《社会距离量表》
语义差异量表	也称语义分化量表，主要用来研究概念对于不同的人所具有的不同含义。主要是让被测试者在两个极端或意义相反的词语中进行选择，进而对研究对象进行评价，如Eisendorfer和Altrocchi 1961年编制的老年态度量表

第四节　测量的质量评估

　　与自然科学研究中的测量不同，社会科学研究中的测量带有较强的主观性，因此测量结果往往会有误差。任何一项研究都不可能完全避免误差，关键是将误差降到最低。在调查过程中，测量误差基本来源于人为因素误差、测量工具误差、数据处理误差和回答误差。因此，在一项测量结束后，要对测量的质量进行评估。测量质量的评估指标有两个：信度（Reliability）与效度（Validity）。

一、测量的信度

　　信度，即可靠性，是指测量结果的一致性或稳定性程度，或者说使

---

　　① 顺从性回答，是指语句本身会对被测试者产生诱导作用，不能准确地测量出他们的态度，如"你认为老师的工资就应当比其他人高么？"这样的问题带有明显的倾向性。

用相同研究技术重复测量同一个对象时，得到相同研究结果的可能性。信度分为再测信度（Test-retest Reliability）、复本信度（Alternate-forms Reliability）和折半信度（Split-halt Reliability）、α 信度系数法四类（见表4-9）。

表4-9　信度的类型

信度的类型	基本介绍
再测信度	对相同的研究对象采用同一种测量方法在不同的时间点先后测量两次，根据两次测量结果计算出相关系数，这种相关系数就称为再测信度。相关系数反映两次测验结果的稳定性，再测相关系数越大，测验的稳定性越好，测量结果越一致和可靠。计算两次测量的相关系数，可采用皮尔逊积差相关公式的变式表示
复本信度	又称等值信度，是指用两个或两个以上的复本测量同一个研究对象，根据两次测量的分数计算相关系数
折半信度	如果两次调查受限，只有一套测量工具并且只能进行一次调查，那么可以按照一定的标准（如测量题目单双号、问题的难度、性质等）将测量工具分成两个等价的部分，在一次调查中同时进行，计算两组分数之间的相关系数
α 信度系数法	Cronbach α 信度是目前最常用的信度系数，其计算公式为：$$\alpha = \frac{K}{K-1}\left(1 - \frac{\sum S_i^2}{S_x^2}\right)$$ 其中，K 为测量中题项的总数，S_i 为第 i 题得分的题内方差，S_x 为全部题项总得分的方差。这种方法适用于态度、意见式问卷（量表）的信度测量

二、测量的效度

效度，是指测量的有效性或准确性，即测量工具能够准确测出所要测量变量的程度，或者说测量工具或手段能够真实、准确地度量研究对象的程度。测量的效度分为内容效度（Content Validity）、准则效度（Criterion Validity）、建构效度（Construct Validity），以及内在效度和外在效度（见表4-10）。

表 4-10　效度的类型

效度的类型	基本介绍
内容效度	又称表面效度或逻辑效度，是测量内容或测量指标与测量目标之间的适合性和逻辑相符性，也即测量所选择的题目是否符合测量的目的和要求
准则效度	又称实用效度或经验效度，是使用一种新的测量方式或测量指标对同一事物或变量进行测量时，将原有的测量方式或测量指标作为准则，对用新的方式或指标得到的测量结果与原有准则的测量结果进行比较，计算两者的相关程度，并用这种特定的相关系数（或称效度系数）来反映新测量工具或手段的效度。新的测量方式或指标与原有的标准有相同的结果，其效度系数较高。一般来说，原有的测量方式或指标应当是成熟的、标准的测量方式或指标
建构效度	也称结构效度，是通过理论概念之间的内在关系观察测量指标对于一个理论概念的作用，反映一个理论概念在经验上是如何构建的。例如，社会地位原有的指标是收入水平，收入水平越高社会地位越高，如果用受教育程度替代收入水平，并证明受教育程度越高，社会地位越高，那么受教育程度对社会地位就有建构效度。这也说明，一个理论概念所包含的若干概念是有联系的，分属于这些概念下面的测量指标如果也是有联系的，那么这些测量（指标）对于相对应的概念来说就有建构效度
内在效度	在实验研究中，如果一项实验的结果表明没有出现明显的误差或者这些误差是可用测量假象进行解释的，那么这样的实验具有内在效度，即内在效度是测量的内在有效性，一组测量指标对测量概念的有效程度。如对本章第一节提到的对社区社会资本的测量，如果这些指标对其能够进行90%的解释，说明这些测量指标在测量社区社会资本方面是有内在效度的。如果只能解释60%，40%没有得到解释，那么内在效度有限，还要进一步分析测量误差
外在效度	外在效度指的是具有内在效度的实验是否具有普遍性和可推广性

三、信度与效度的关系

　　信度和效度是好的测量工具必须具备的两项条件，两者构成一个矛盾的统一体。一般来说，信度是效度的必要条件，没有信度的测量也不存在效度，但任何测量都必须要有效度，没有效度则信度也没有意义，效度是测量的基本条件。

第五章
理论与研究

本章主要探讨三个问题：一是什么是社会科学研究中的理论，包括理论的概念、类型、构成要素、评价标准以及功能；二是理论与研究的关系，主要包括理论的建构与理论检验、理论与数据的连结两个方面；三是理论在定量研究、质性研究以及混合研究中如何应用。

第一节　何谓理论

理论这一词语，在不同的环境中具有不同的含义。理论可以大致分为科学研究中的理论以及平时生活中所用到的理论，科学的理论与其他理论相比更为复杂。本章对理论的概念、类型、形式、功能、标准进行梳理。

一、理论的概念

学者们对理论的界定并不相同，但一般都认为，理论不仅仅是描述或预测事件，也应当解释事件发生的原因，因此，从本质上来看，理论是对某类现象的本质特征和一般规律的阐释与说明。本书中的理论指科学理论，即一个理论是对部分证实了的无法直接得出结论的科学关系的陈述（Martin，1985）。科学理论对问题的回答是有条件的，且解释不是唯一的，能够意识到不确定性的存在，研究者愿意根据实践进行理论检验和修正，坚持客观中立的立场，积极寻求逻辑上的一致性和连贯性（劳伦斯·纽曼，2007）。

理论来源于社会实践，理论的产生与发展是由生活中的经验教训决定的，没有实践基础的理论就仿佛是没有地基的楼房，是经不起推敲的。理论要接受社会实践的检验和证明，凭空生造的"概念"在没有经过社会实践的检验之前，只能算是一种假设。

二、理论的类型

我们可以根据不同的分类标准，对理论进行归类。根据逻辑的推理方向，可将理论分为演绎式理论和归纳式理论；根据理论的适用范围，可将理论分为宏观理论、中观理论和微观理论；从理论的描述水平来说，可将理论分为描述性理论、类比性理论以及基础性理论。除此之外，我们还可以按照表达形式将理论划分为数量的理论和性质的理论两种（见表5-1）。

表 5-1　理论的类型

分类标准	理论的类型
逻辑的推理方向	归纳式理论、演绎式理论
理论的适用范围	宏观理论、中观理论、微观理论
理论的描述水平	描述性理论、类比性理论、基础性理论
理论的表达形式	数量的理论、性质的理论

1. 按照逻辑的推理方向划分

社会科学研究的推理方向分为归纳和演绎两种。归纳式推理多用于质性研究，是通过对社会现象或行为的观察，分析其背后隐含的意义与规则，并结合其他相关研究，归纳出抽象的概念、理论。演绎式理论多用于定量研究，一般先从一个抽象的概念或理论开始，并将其逐渐操作化到具体的实证研究中，通过数据材料验证该概念罗列的理论。

2. 按照理论的适用范围划分

在这一维度中，理论包括宏观理论、中观理论和微观理论。根据这个划分维度，我们可以明确如何合理地将理论应用于相应的情境中。三种理论在某一程度上相辅相成，但由于理论是一个宏大复杂的体系，所以现阶段学者大多是将中观理论与微观理论结合在一起，或者从调查研究的结论中推理出一种抽象的理论。

宏观理论是指侧重关注社会整体，如社会、种族等现象的理论，这一理论能够描述社会之间的互动，为社会研究提供一个大致的方向。宏观理论大多属于形式理论，理论系统十分庞杂，如社会冲突理论、结构功能主义理论、结构化理论、风险社会理论、社会进化论等都属于宏观理论（仇立平，2015）。宏观理论所涉及的问题大多是与社会、结构、功能、系统等相关的内容，当所研究的问题涉及社会变迁、社会进化、社会文化以及对不同种族、国家之间文化、政治、社会等的比较时，大多会用到这类理论，就目前的情况来看，这一理论大多是作为方法论，指导学者的研究。

中观理论侧重关注中层社会，如社区、组织、群体等。其是指在宏观理论的指导下，将理论与社会生活相结合，从而对某些社会活动或现象进行分析，也就是当宏观理论无法解释某一具体活动时，将宏观理论具体化的一种表现形式。中观理论是对理论的概念等进行描述和表达，注重经验研究。实质理论、默顿的中层理论是与中观理论的概念较为相似的理论之一。实质理论注重说明具体而复杂的事务，或在社会化过程中发生的特殊事件；默顿认为，要将中层理论作为一种具体形式，解释部分社会现象，通过对这一部分现象的解释证实，从而形成更加复杂的理论（仇立平，2015）。

微观理论关注具体的经验关系，从经验中概括出假设，侧重于关注个人行为或一段时间内某一小群体的生活现象。如社会角色理论，是指人在获得某种社会地位的同时所获得的权利以及所需要付出的义务，其所解释的只是某一个小群体中的现象。微观理论中的经验关系，如受教育程度越高，收入越高；父母的关系好坏会影响子女性格的发展；学生的性格与学习成绩有关等经验性的结论，如果没有微观理论的指导，就只能算是一种经验性的描述。

3. 按照理论的描述水平划分

科学理论的作用在于描述并解释社会生活中的现象，因此通过不同的描述水平，理论可以被划分为描述性理论、类比性理论和基础性理论三种。

描述性理论是指仅对社会现象进行描述而不做过多解释的理论，也就是对生活经验、社会现象的简单概括。如英国行为主义心理学家贝里尼提出的激发理论，仅对受刺激的事件和人对新奇性的感觉进行了描述。

类比性理论是指通过类比来解释某一关系的理论，即将一种与被解释模型相似的理论，通过比较的方式说明被解释模型现象的一种方法。如劳伦兹在 1950 年提出对小鸡啄食的动机与水对罐子底部所产生的压力进行类比。类比性理论存在较大的局限性，因为被类比的两种现象大多不是处于同一环境中，因此类比会存在较大的误差，但类比性理论仍可以作为一种资料为研究提供新的思路。

基础性理论是指由学者创建出来的，为了解释某一研究领域中的现象的理论。这一理论不同于其他的理论，往往是一种新的结构系统，将系统内部的各要素关联起来。这一理论的形成基于现实社会的现象，用于解释分析社会生活中发生的变化。相较于描述性理论和类比性理论，基础性理论更加符合现实生活，是对现实更加基础的描述。

4. 按照理论的表达形式划分

根据理论表达形式的不同，我们可以将理论划分为数量的理论和性质的理论两种。

数量的理论即是用数学术语形式来表达的理论，以处理数字的方式将数字状态的变量和常量进行联系。也就是说，这种理论是通过设置特定的条件，观察输出的内容是否在特定范围内的一种理论。

性质的理论即是用词语形式陈述的理论，说明哪些变量是重要的，哪些变量是不重要的，并描述变量之间的关系以及他们是如何相互作用的。性质的理论也可以是数量的，但这里所说的数量也表达了一定的文字意义，如我们可以通过数字的形式来表达人们随着受教育水平的提高，期望获得的薪酬也越高。

三、理论的构成要素

一般而言，理论包括四个模块：概念、命题、逻辑和边界条件，各个模块的释义如表 5-2 所示。

表 5-2　理论的构成要素

理论的四个模块	阐释
概念	理论"是什么"，如什么是解释现象的重要概念
命题	理论是"怎样的"，如概念间是怎样互相联系的
逻辑	"为什么"，如为什么这些概念相互联系
边界条件	"谁，什么时候，以及在哪"，如在什么情况下这些概念和关系才能实现

概念是人们通过社会实践，从感性认知上升到理性认知，对所感知到的事物进行抽象概括。因此，概念是对事物高度抽象的概括，用于明确地描述现象。概念可以是一维的，如年龄、收入等，也可以是多维的，如受教育水平、职业类型。有些概念是具体的，如户籍，也有些概念是抽象的，如社会化、专业认同等，还有一些概念，如态度、知识、信任等，随时间而改变，并非一个稳定状态。但无论如何，所有的概念都必须有清楚明白的定义，并详细指明如何测量概念。变量是对抽象概念的测量，是抽象概念的具体表述方式，在经验研究中，概念需用变量的形式来反映。科学研究一般有理论方向、实证方向两个方向，概念是理论层面的，而变量是实证层面的测量。

命题由一系列概念组成，是基于演绎逻辑对概念间相关性的分析。简言之，命题是对两个或两个以上概念之间关系的叙述。命题可能是经推测产生的，但必须经过验证，如果实证不支持推测，则命题不成立。命题是理论层面的表述，需经过变量间相关关系的验证，即命题的验证形式是变量间的相关关系。研究假设是尚待检验的命题，是研究者对变量之间关系的推测或尝试性解释，是社会研究中最常用的命题形式。

任何命题都是概念在逻辑上相互联系的陈述，逻辑是命题的基础，其将概念连结在一起，为概念间的关系提供关联和意义。

边界条件，是指理论受到价值、时间和空间等的限制，限定了理论的适用范围。对同一事物，不同的领域有不同的理论解释，如对人群行为的界定，经济学的理论假设是理性人，而政治学的理论假设是政治性。不同学科理论假设的不一致，形成了研究的边界。理论存在文化边界（个人主义和集体主义）、时间边界（计划经济时期和市场经济时期）以及空间边界（特定的国家或地域），使用理论必须考虑其边界条件。

理论四个构成要素之间的关系具体如图 5-1 所示。

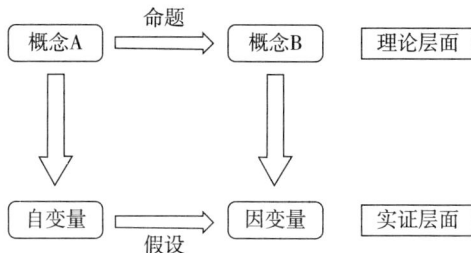

图 5-1 理论各要素之间的关系

四、优秀理论的特征

从古至今，学者们提出了很多理论来解释社会现象，这些理论有的解释力强，有的解释力较弱，解释力较强的理论就是好理论。具有较强解释力的理论主要有以下几个特征：解释信息的能力较强；解释过程合理；能经得起实践的检验；能够预料到新的事件；语言简练。

1. 解释信息的能力较强

判断一个理论是否是好的理论，首先要看该理论是否能够解释相应领域内现有的信息资料。在我们的研究过程中，往往需要梳理领域内已被确认为真理的事实，如果一个理论无法解释这一信息，那就不能称之为是一个好的理论。

2. 解释具有合理性、精确性

在我们确认理论能够很好地解释现有的信息资料时，我们就要注意分析该理论对现象解释的合理性与精确性。理论的作用就是为所研究的现象提供一种合理的、确切的理由，而这个理由又能够让大多数人信服。

3. 理论具有可检验性

确定一个理论是否是好的理论还要看这个理论是否能够经得起社会实践的检验。在前文中可知，理论来源于实践，并接受实践的检验。因此，我们说一个理论能够经得起实践的检验，那么该理论就是具有可检验性的，在一定条件下能够得出相应的结论。而理论不能够被实践检验，就不能称之为是好的理论，甚至可能不能称之为理论。当一个理论能够提供一种看似合理的解释，但又不能证实实验结果，那么这就不能称之为是一个好的理论。

4. 理论具有可预见性

理论的主要功能之一便是预见，即预测新的现象或趋势。我们这里所说的预言新现象不是凭空捏造尚未被发现的事物，而是根据已知的内容，在已知的理论上提出新的想法、创造出新的理论，也就是对既有理论的发展和升华。举例来说，如埃里克森的八阶段理论就是在弗洛伊德的人格发展理论的基础之上发展而来的，埃里克森发现了弗洛伊德的人格发展理论中不具有的新的现象，做到了理论的可预见性。

5. 语言简练,解释范围广

陈述简练的理论更具有力量。一个好的理论,应该用最简练的语言和结构表达较深层次的含义,而不是用复杂的体系来表达一个简单的意思。并且,一个理论解释的社会现象越广,就被认为越有影响。

五、理论的功能

科学理论除具有解释和预测这两个功能外,还具有理解和生成研究的功能。理论的概括化超越了可获得的经验事实,通过对尚未发现但应当能观察到的特殊现象做出推论、预测,理论就有了指导、刺激进一步研究的功能,科学家也正是通过检验其理论推论,来检验科学理论的正确性、完善性的。

1. 理解功能

在一定程度上,理论是理解社会现象的方式之一。如果一个理论建立在潜在的现实之上,那么这个理解就是深刻且强烈的。如马斯洛的需求层次理论,该理论将人类的需求从低到高分为了五种,随着一种需求的满足,上升到对更高层次需求的渴望。这一理论帮助我们更加深刻地理解了人类的需求是如何上升的。

2. 解释功能

一个理论能够提供一个完整的研究框架,从而解释研究结果。理论除了具有组织文章内容,避免所写的文章成为一盘散沙的作用外,还可以对研究结果进行解释。例如,为证实皮亚杰的认知发展理论设计的实验,将现有的经验与结果组织起来,更好地解释了生活中的社会现象。

3. 预测功能

理论除了能解释社会现象之外,还可以根据已知的内容对客观事物的发展趋势做出科学的推断。有些理论,不但可以为社会现象或行为提供解释,也可以提供一个研究方式,去研究概念之间是如何相互作用以及哪些概念是需要研究者考虑的。如英国行为主义心理学家贝里尼提出的激发理论,就预见人们受到的刺激越多,对某一事物的新奇性就越小,当刺激达到一定程度后,对这一事物就不存在好奇心了。

4. 生成研究功能

理论能够为一项研究提供新的思路和框架，对研究起着重要的指导作用，因此是科学研究中的重要组成部分。即使某一理论没有得到社会实践的验证，但仍可以为一项研究提供新的方向，即一个不起眼的变量在某一方面也会发挥一定的作用，研究者在实践过程中往往也会发现这些变量存在一定的意义。我们可以认为，一项理论能够说明我们所需要观察的变量以及观察变量的条件，并为之提供研究框架和思路，即使在这一框架范围内，我们所研究的问题可能是正确的，也可能是错误的。

第二节　理论与研究的关系

在社会科学研究中，研究问题必须与已有理论相结合，这里谈的"理论"是概念之间的关联，属于中层理论。理论可以提炼研究问题、指导研究设计和数据采集，对研究发现进行理论解释等。

一、研究的逻辑：理论建构与理论检验

理论与研究相辅相成，在一项经验研究中，理论是研究的基础，也是研究的科学依据。在实证研究（Empirical Studies）中，理论与研究的关系总体上如图 5-2 所示。

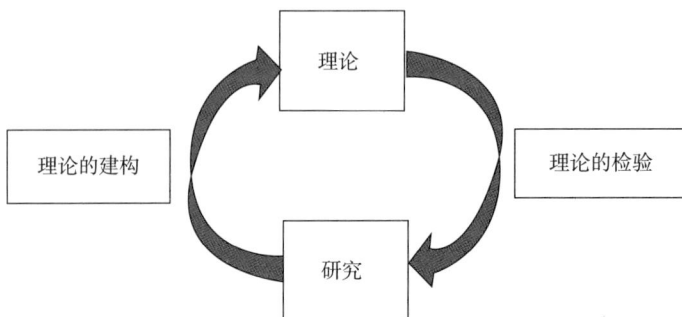

图 5-2　理论与研究的关系

　　理论的构建，本质上是一个"归纳"的过程。社会科学研究总体上是研究者基于某个社会问题，针对该问题进行资料收集、分析，并将研究结论与其他研究进行比较，进而归纳出某些概念或理论，这种资料收集、分析、理论化的过程，就是理论的建构过程。归纳的过程本质上是从实证资料中提炼概念/理论的过程，是经验材料→理论的过程。

　　理论的检验，本质上是一个"演绎"的过程，当研究者对某个问题感兴趣并打算进行研究时，先从理论层面探讨这个问题，对理论进行操作化。具体地说，就是找出关键概念，并将其转化为变量，设定研究假设，在问卷调查和数据分析后，验证假设，如果假设成立，理论得到检验。这种从理论→经验材料的过程，就是演绎的过程。

　　理论本身的建立和完善不是目的，指导实践才是目的，如果理论对实践没有指导意义，那么就不是一个有用的理论；验证数据也不是目的，而是要进一步提升理论，如果数据对理论完全没有任何构建意义，那么也不是有用的数据。因此，理论与研究是相互依赖而生存的，理论应该是验证数据的依据，检验数据的目的是指向理论、构建理论、弥补现有理论的不足和提升理论的完整性。

二、理论与数据的连结

　　在社会科学研究过程中，理论与数据是密切连接的，二者的关系主要表现在以下三个方面：

　　首先，理论对数据的指导作用。对数据的收集和检验，应当是基于现有理论的，也就是说，是有依据的，在已有研究的基础上，既有连结又有创新。

　　其次，对研究结果的分析和讨论应当重新指向理论，进一步建设理论。提出问题、收集数据、分析数据、结果呈现等过程的目的是提升现有理论，即理论的建构。好的研究，应当是数据结果改进了现有理论认知，因此，在文章中对研究发现的讨论部分，必须重新指向理论，突出文章的理论贡献。

　　最后，理论并不是只存在于实证研究的开头和结尾部分，而是贯穿在问题提出、研究假设、数据收集、数据分析和文献撰写的各个阶段。每个研究阶段的理论数据连结如图 5-3 所示。

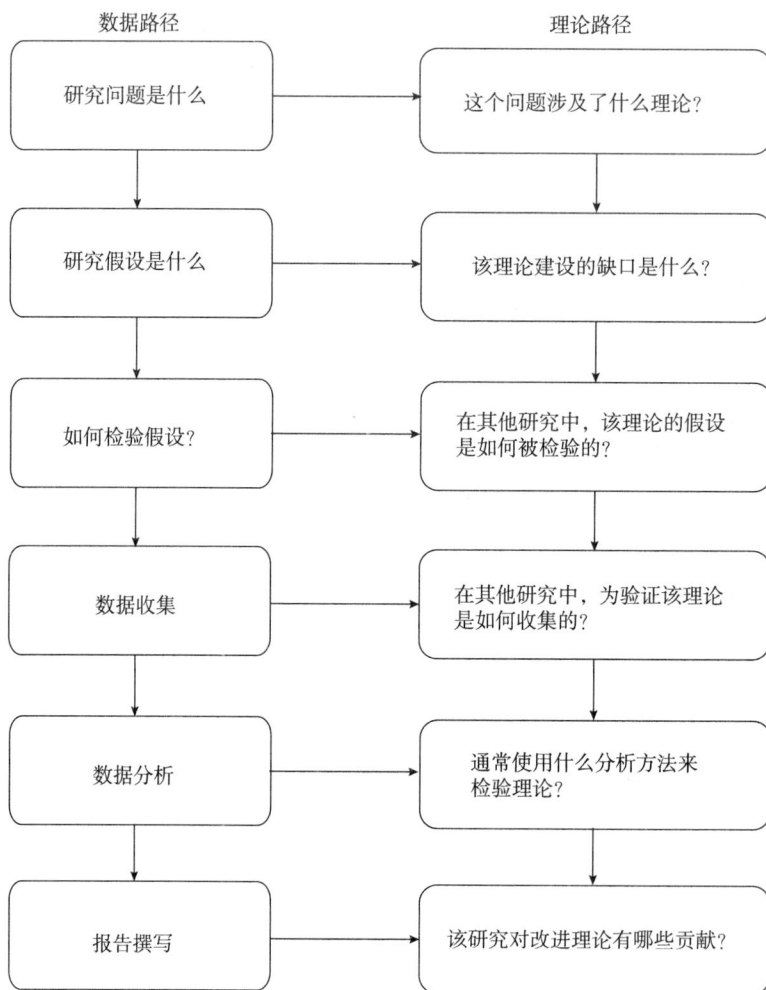

图 5-3　研究各阶段数据与理论的连结

在选题阶段，应该考虑这个问题和哪些理论相关，或者这个问题的回答验证了哪个理论？在研究设计阶段，需要考虑为什么要做这样的假设？哪些理论支持假设等。实证论文理论与研究连结有一些方法与技巧，具体参考表 5-3。

表 5-3 理论与研究连结的一些方法与技巧

新手版	熟练版
1. 列出你的研究问题。 2. 列出可能与其相关的所有理论。 3. 列出每个理论的主要观点。 4. 列出在该理论视角下，你的研究问题该如何解释。 5. 列出该理论视角下可以形成的假设。 6. 通过文献综述找出有研究价值的假设。 7. 写出每一个理论具体如何支撑每一个假设（这一部分是写在假设前的那段文字）	1. 确定研究问题。 2. 提出若干假设。 3. 每个假设背后的理论，是哪一个主题、学科的理论？ 4. 找出这些理论，并写出每一个理论具体如何支撑每一个假设

综上，一个好的实证研究一定是理论与数据的紧密连结，理论是验证数据的依据，而检验数据的目的是指向理论、建构理论和修正理论。

扩展阅读

对于理论建构，斯坦菲尔德和富尔克（1990）提出了四种方法：

（1）在观测到的事件或行为模式上归纳出理论。这种方法被称作"构建扎根理论"，理论根植于经验观测值，这是人类学常用的理论建构方法。

（2）利用预定义框架，针对与目标现象潜在相关的不同的预测变量，进行自下而上的概念性分析，属于一种归纳性的方法，基于经验性观测和／或先前的知识进行。

（3）扩展或者修改现有的理论，用来解释新的内容。在对元理论进行扩展时，原理论中特定的概念、命题或边界条件等可能被保留，其他的可能会被修改，对理论进行补充或调整，是构建理论的有效方法。

（4）总结出两种环境（旧环境和新环境）结构的相似性，将现有理论应用于新环境。这种方法依赖于类推，是利用演绎方法构建理论中较具创新性的一种方法。

第三节 理论在研究中的运用

通常来说，源自社会实践和现实生活的课题大多属于应用性研究，其研究结果具有较强的应用价值，能直接为社会实践和现实生活服务。应用性研究并不意味着可以没有理论基础和理论价值，其只是解决现实问题更为直接和迫切。因此，在选定实践领域的课题后，还需查阅文献，学习有关理论。

一、定量研究中的理论运用

定量研究是指通过对数据资料的分析，确定事物在某一方面量的多少的科学研究，也就是将所要研究的问题与现象用数量表现出来，再进行分析、检验和解释的过程。在定量研究中，研究者通过演绎推理的方法来推断某一理论的假设，因此，定量研究中的理论是整个研究的框架，也就是研究中假设的组织模型。研究者通过提出的假设或问题来验证所使用的理论，即研究者通过某种工具来检验被调查者的态度、行为，进而通过收集到的数据来验证理论中假设是否成立。

在定量研究的文献中，理论通常以独立的一章出现，或者放在文章较前的位置，如绪论、研究设计等部分，作为全文的指导思想。定量研究中理论的形成步骤，具体如表5-4所示。

表5-4 定量研究中理论形成步骤

步骤	内容	解释
1	查阅相关文献，寻找理论	根据研究主题，在文献中查找相关理论，如研究个体可以从心理学中查找，研究社会、群体等可以从社会学中查找
2	分析以往相似研究中的理论	确定文章使用文献的数量，并查找分析、鉴别相关的理论
3	分析数据中变量间的关系	对数据中的自变量、因变量、控制变量等进行解释分析
4	撰写理论草稿	梳理理论的来源、理论研究的主题，以及理论是如何与本研究相结合、相适应的

例如，在研究老年人的健康水平时：首先，可以先查找相关的文献，寻找适合的理论；其次，在老年人健康水平以及慢性病这两个主题中，查找学者先前在研究中使用了什么样的理论；再次，我们要分析所获取的调研数据，明确老年人的健康水平与什么样的变量有关，进而做出相应的假设；最后，对查找的理论进行分析，梳理理论的发展脉络，并将查找到的

理论与我们所研究的主题——老年人的健康水平相结合，使理论作为研究框架，指导研究。

二、质性研究中的理论运用

质性研究是与定量研究相对应的一种研究方法，其将研究者本人作为研究工具，在日常生活中通过访谈、直接或间接观察等方式收集相关资料，进而对研究现象进行深入分析，从而得出结论的研究方法。质性研究中的理论在某一方面与定量研究相似，在质性研究中，研究者将理论作为一种解释的方法，涉及变量和假设等。在这一方面，理论作为研究框架，指导研究者撰写整篇文章。除此之外，在质性研究中，研究者可以运用理论的视角引出阶层、民族等符合自身兴趣的研究话题，通过理论可以确定其所要研究的问题、对象等，如对老年人的研究、对农村妇女的研究以及性别歧视等问题的研究。

1. 基于理论提炼研究问题

以印度一项生育项目为例，该项目需回答两个问题：一是夫妇们对生育的看法是怎样的？二是夫妇们如何决定家庭规模？

与该问题相关的理论之一是理性行为理论，该理论假设人在就特定行为做出决策时具有理性，并认为行为是意向的结果，而意向反过来取决于人们对特定行为的态度、主观规范（即对他人重要程度的估量）和知觉行为控制（对采取行动的能力的估量）。基于这一理论基础，该项目提炼了研究问题，使其更具有理论性（即采纳了理论）：

* 夫妇们对生育的态度是怎么样的？
* 夫妇们对生育的主观规范是怎么样的？
* 夫妇们对生育的知觉行为控制是怎样的？

接下来的研究问题是：

* 夫妇们对生育的看法与他们所处的社会文化背景有什么关联？

该项目采纳了一项与文化有关的理论，即认知人类学理论，该理论认为人们的决策与看法受到文化模式的鼓励，而文化模式是文化意义体系的一部分。这样，最初的研究问题就被提炼为更为理论化的研究问题：

* 生育的文化意义体系是什么？

- 人们的信仰和决定是如何嵌入到这个文化意义体系之中的？
- 文化模式如何激励人们的生育行为？

这一印度生育研究的概念框架如图5-4所示。

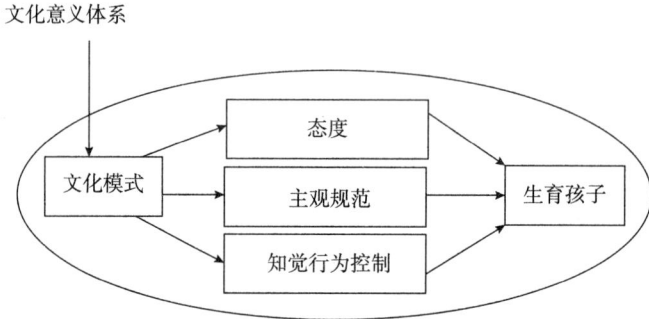

图5-4　印度生育研究的演绎式概念框架

2. 理论的归纳

与定量研究不同的是，在质性研究文献中，理论一般放在文章的结尾处，也就是说质性研究中的理论是由社会现象归纳而来，是联系全文的理论。因此，质性研究理论的形成步骤如表5-5所示。

表5-5　质性研究理论形成步骤

步骤	内容	解释
1	分析归纳先前相似研究中的理论	查找分析先前研究中的相关理论，从研究范式中查找理论或普遍规律
2	分析调研数据从而形成研究主题	对所要调研的数据进行分析，掌握研究背景
3	对被调查者做访谈等开放式调查	具体了解被访者的信息，为研究做好准备
4	收集数据（主要是文本）	通过研究者自身观察等方法，收集相关的信息，为写文章打下基础
5	准备数据	逐字转录、匿名化数据、确定代码、制作代码本、对数据进行编码
6	分析数据与提出理论	主要包括对数据的厚描、比较、分类、概念化和提出理论

此外，所有的质性研究在研究过程中也都需要理论的指导，即使在最终的结果上没有呈现相应的理论，但前期资料收集、整理、分析的过程，

也都受到了某些理论的指导。研究者在研究过程中不自觉地就会使用某一种研究方法来指导自己的研究，从而确保研究的科学性。

三、混合研究中的理论运用

混合研究就是将定量研究方法与定性研究方法相结合的一种研究方法。这种研究方法综合了定量与质性研究的优点，从而可更好地分析社会现象产生的过程、原因等。混合研究，在任何情况下都强调理论的运用与指导，其常采用某种理论视角进行研究，如"需求层次视角下大学生受骗问题研究""社会支持视角下机构老年人的社会工作服务研究等"就属于从理论视角来指导研究。

在混合研究中，研究者要注意以下几个问题：第一，需要决定是否使用某个理论来指导研究；第二，若需要使用理论，则要确保理论的使用与定量或质性的方法是一致的；第三，如果理论是被用于变革策略的研究，则要定义这一策略，并讨论相应的要点问题。

在混合研究中，研究者既可以使用定量研究使用的演绎式推理方法，也可以使用质性研究使用的归纳式推理方法。

扩展阅读

1. 理论检验的研究范例

［1］田丰.工之子恒为工？——中国城市社会流动与家庭教养方式的阶层分化［J］.社会学研究，2018（6）：87-105，247-248.

［2］朱斌.文化再生产还是文化流动——中国大学生的教育成就获得不平等研究［J］.社会学研究，2018（1）：142-168.

2. 理论构建的研究范例

［1］殷浩栋，汪三贵，郭子豪.精准扶贫与基层治理理性——对于A省D县扶贫项目库建设的机构［J］.社会学研究，2017（6）：76-99，249-250.

［2］杨爱平，余雁鸿.选择性应付：社区居委会行动逻辑的组织分析——以G市L社区为例［J］.社会学研究，2012（4）：105-126.

第六章

研究设计：以国家社科基金项目申请为例

对社会科学学者来说，获得课题项目的资助既是对学者学术能力的认可，更能为学者开展学术研究提供必不可少的资金支持。因此，申请课题项目在社会科学学者的学术生涯中具有重要的地位。能否成功申请到课题项目既取决于学者的学术能力、学术成果与学术积累，也在很大程度上受到申请策略和申请技巧的影响。由于国家社会科学基金（以下简称国家社科基金）是目前我国哲学社会科学研究领域最高级别的科研项目，是学术领域层次最高、资助力度最大、权威性最强的国家级政府基金资助项目，故本章主要以国家社会科学基金（年度项目和青年项目）为例分析如何申请课题项目。

第一节　2018 年国家社会科学基金申报和立项情况

根据《国家社会科学基金年度报告（2018）》的统计数据：

从申请情况来看，2018 年共申报国家社科基金年度项目和青年项目 29677 项，比 2017 年增加 237 项。其中，申报重点项目 2481 项，占 8.36%；一般项目 21401 项，占 72.11%；青年项目 5795 项，占 19.53%。重点项目较 2017 年增加 389 项，一般项目较 2017 年增加 931 项，青年项目较 2017 年减少 1083 项。

从立项情况来看，2018 年国家社科基金年度项目和青年项目共立项 4506 项，比 2017 年增加 217 项，其中重点项目 358 项，一般项目 3147 项，青年项目 1001 项。2018 年立项率为 15.18%，较 2017 年提高 0.61 个百分点，其中重点项目立项率为 14.4%，一般项目立项率为 14.7%，青年项目立项率为 17.3%。资助总额为 9.5490 亿元，较 2017 年增加 4565 万元。

从立项学科分布来看，立项率高于平均值的学科有十个学科；与平均立项率接近的有七个学科；低于平均立项率的有六个学科。各学科立项的详细情况表 6-1 所示。

表 6-1　2018 年各学科立项数量和比例统计

项目类别　学科名称	重点项目	一般项目	青年项目	合计
马列·科社	24（9.1%）	185（69.5%）	57（21.4%）	266
党史·党建	7（6.3%）	85（77.3%）	18（16.4%）	110
哲学	20（8.6%）	143（61.4%）	70（30.0%）	233
理论经济	16（8.2%）	129（66.5%）	49（25.3%）	194
应用经济	29（8.3%）	255（73.1%）	65（18.6%）	349
统计学	6（9.2%）	47（72.3%）	12（18.5%）	65
政治学	15（8.7%）	117（68.0%）	40（23.3%）	172
法学	28（8.4%）	219（65.6%）	87（26.0%）	334
社会学	16（6.3%）	171（67.6%）	66（26.1%）	253
人口学	3（4.7%）	48（75.0%）	13（20.3%）	64
民族学	16（7.7%）	150（72.1%）	42（20.2%）	208
国际问题研究	11（8.1%）	88（65.2%）	36（26.7%）	135
中国历史	23（8.4%）	175（63.9%）	76（27.7%）	274
世界历史	8（8.0%）	52（52.0%）	40（40.0%）	100
考古学	6（8.2%）	40（54.8%）	27（37.0%）	73
宗教学	8（8.1%）	64（64.6%）	27（27.3%）	99
中国文学	28（9.9%）	201（71.3%）	53（18.8%）	282
外国文学	9（7.1%）	93（73.8%）	24（19.0%）	126
语言学	27（8.4%）	237（74.1%）	56（17.5%）	320
新闻学与传播学	10（6.1%）	123（74.5%）	32（19.4%）	165
图书馆·情报与文献学	9（5.9%）	102（67.1%）	41（27.0%）	152
体育学	11（7.0%）	129（82.2%）	17（10.8%）	157
管理学	28（7.5%）	294（78.4%）	53（14.1%）	375
合计	358（7.9%）	3147（69.8%）	1001（22.2%）	4506

资料来源：《国家社会科学基金年度报告（2018）》。

从通讯初评得分的总体分布情况来看，80 分以上的高分课题有 1614 项，占 5.44%；75 分以上课题有 5018 项，占 16.91%；60 分以下低分课题 4514 项，占 15.21%。通讯评审的结果是，23 个学科通讯初评入围课题共 7969 项，比 2017 年 7422 项增加 547 项；通讯初评平均入围率为 26.85%。

由以上列举的数据可以发现，2018 年国家社科基金的申报和立项存在以下几个特点：

第一，整体来看，立项率较低。总体来看，国家社科基金申报数较多，但是立项率在 15% 左右，立项率较低。由此可见，国家社科基金竞争程度比较激烈，申请成功难度较大。

第二，青年项目立项数较少，但立项率最高。受申请资格的限制，青年项目的立项数量最少，只有一般项目的 1/3 左右，但是立项率却是最高的，比一般项目的立项率高 2.6 个百分点。

第三，总体来看，各学科重点项目、一般项目和青年项目的立项率差别不大，但是少数学科，例如党史·党建、哲学、世界历史、考古学、体育学和管理学，一般项目和青年项目的立项率与总体立项率差别较大。

第二节　国家社会科学基金项目申请
策略与技巧

国家社科基金申请成功与否取决于项目论证书的质量，也就是我们俗称的"本子"。项目论证书的质量主要体现在以下四点：第一，有没有一个惊艳的题目，即能够将前沿性、现实意义与学术意义紧密结合起来，使评审人眼前一亮的题目；第二，文献梳理是否清晰、简洁，即文献梳理是否在有限的字数下清晰地展示了本选题的学术研究脉络，是否遗漏了重要的、经典的文献，以及是否对文献进行了恰当的评论，并在此基础上提出了自己的研究主题；第三，项目的研究框架是否全面、合理，即研究框架是否涵盖了项目的研究对象和主要目标，总体框架中不同模块之间是否具有充分的逻辑性；第四，前期研究成果是否能够支撑本选题的开展，就是申报者的前期研究成果是否能够说服评审人相信你能够顺利地完成项目。

一、选题方面

一个好的选题意味着项目申请成功了一半。由于匿名评审人需要在有限的时间内评审多份论证书，造成匿名评审人的注意力被稀释，因此，一个令人眼前一亮的选题往往能够迅速吸引评审人的注意，使一份论证书从众多竞争者中脱颖而出。

国家社科基金正式申报之前，全国哲学社会科学规划办公室都会发布年度课题指南，为申报者提供选题参考。课题指南一般包含以下三个方面的内容：一是党和政府关注的重大理论和现实问题；二是关系学科建设和学术长远发展的基础性问题；三是国内外学术热点和前沿问题。以2018年为例，该年度的课题指南列出了以下几方面的选题：第一，围绕贯彻落实党的十九大精神和习近平新时代中国特色社会主义思想，梳理出200多个重要选题；第二，围绕贯彻落实新时代坚持和发展中国特色社会主义的基本方略以及经济社会发展中的重大理论和实践问题，组织相关学科列出一批重要选题；第三，围绕系统总结过去五年的工作和历史性变革，以及改革开放40年取得的历史性成就，相关学科拟定一批重要选题；第四，围绕坚定不移全面从严治党，不断提高党的执政能力和领导水平，梳理出一批重要选题。年度课题指南所列举的参考选题往往是当前学术界和实务界亟须解决的重大理论问题和应用问题，非常具有前沿性，对把握申报导向、明确研究重点具有重要的参考价值。因此，为了保证申报课题的前沿性，就要从课题指南中选题。当然，需要指出的是，从课题指南中选题并非意味着指南条目就是命题作文，必须按题申报，一个字也不能改。实际上，课题指南只是给出了研究的方向和范围，申报者完全可以在这些研究方向和范围内进一步凝聚研究选题，课题指南条目的文字表述完全可以修改。

当然，国家社科基金也允许申报者自拟题目申报，事实上自选课题的比例还比较高，就2014年申报和立项的情况看，自选课题的比例占到70%以上。在评选时，自选课题与按指南申报的课题在评审程序、评审标准、立项指标、资助强度等方面被同等对待。由于缺乏选题参考，申报者自拟题目申报在前沿性的把握上面临更多的挑战：一方面，申报者必须对其研究领域的学术脉络、研究现状以及未来的研究趋势有深刻的把握；另一方面，申报者必须对当前经济社会发展当中重大或比较重要的问题特别是当年党中央国务院提出的紧迫问题有清醒的认知，并能将自己的学术研究与这些问题结合起来。这就意味着申报者不但要熟知自己的研究领域，而且要对国家与社会热点问题保持足够的敏感。那么，什么样的自拟题目更易吸引评审人呢？

第一，学术界尚未关注的问题。一般来说，学者很难找到比较重要但尚未引起学术界关注的问题，尤其是要在一些比较成熟的学科里找到一个这样的问题更是难上加难，但是一旦找到，这样的选题就必然极具竞争力。以笔者此前申报成功的国家社科基金的自拟题目为例，笔者注意到先前的业主维权研究主要从"破"的角度关注维权行动本身，而维权行动结束后如何从"立"的角度恢复与建构社区秩序尚未引起学术界的关注。因此，笔者紧紧抓住业主维权研究缺乏从建设性视角探讨后业主维权时期社区公共秩序如何建构，这一学术界尚未充分关注的问题作为选题，最终申报成功。因此，就自拟题目的申报者来说，需要对自己研究领域的文献尤其是国外文献进行充分地阅读、消化和吸收，对自己的研究领域做到了如指掌。一个好的办法就是通读和精读自己研究领域顶级期刊发表的论文，从中追踪本领域学术研究的前沿问题。在此基础上，申报者需要进一步思考：本领域的研究是否涵盖了所有的研究对象，有没有遗漏掉重要的研究对象；本领域一些研究结论的解释机制是否充分，是否存在其他的一些解释变量；在时空维度上能否进一步拓展本研究领域的某些话题；能否基于当前国家重大战略背景重新审视本领域的研究话题等。通过种种类似的追问，申报者可以提炼出一个具有前沿性的选题。

第二，学术界尚未解决的问题。有一些问题是学术界已经关注到了，但尚未被解决的，这样的选题也较具有前沿性。以 2018 年国家社科基金青年项目立项选题《新乡贤参与农村社区治理的模式和路径研究》（高万芹，武汉科技大学）为例，我们都知道农村社区治理的模式和路径研究已经比较成熟了，乡村振兴背景下新乡贤在农村社区治理中扮演着重要的角色也已经引起了学界的关注，但是新乡贤是如何参与农村社区治理的、它有什么模式和路径等问题却没有得到充分的研究，因此，该选题就具有较强的前沿性。对自拟题目的申报者而言，不妨将本研究领域虽然已经被充分关注，但是尚未产出较多的、或者有重量的研究成果的研究问题作为选题。

第三，学术界悖论性的问题。悖论性的选题由于能够营造一种张力，往往能够较容易地引起评审人的兴趣，提升立项几率。以 2015 年国家社科基金项目《扶贫开发中的数目字管理研究》（王雨磊，2011）为例，申报者在分享立项经验时就详细描述了自己是如何找到悖论性的问题以抓住评审人的吸引力的：

> 2014 年 11 月 6 日，我担任南省丘县珠村（出于研究伦理，以上地名皆为化名）的驻村干部，负责扶贫开发的相关事宜。我下乡时适逢 2014 年年度考核，随之而来的是大量的档案和材料整理工作。南省的精准扶贫建立在建档立卡的基础之上：所谓建档，就是为贫困村和贫困户建立关于生产生活的纸质版和电子版的信息档案，主要是人口、土地及收入等明细信息；立卡则是建立并发放贫困村和贫困户的帮扶卡册，所有的帮扶措施、帮扶绩效都必须呈现在帮扶卡册中。
>
> 建档立卡给驻村干部带来了巨大的工作负担，当时我又是新接手工作，好多信息、情况都不熟悉，工作当然苦不堪言。当时我想起黄仁宇曾经在《万历十五年》中提到的一个观点：中国的王朝治理在近代失败的根源在于它不能实行数目字管理。扶贫开发中的建档立卡不就是黄仁宇所谓的数目字管理吗？但是这样的"数目字管理"真的有效吗？另外，渠敬东等学者的研究指出，改革前的总体性支配权力在改革后逐渐转向技术治理权力。很显然，建档立卡属于一种典型的技术治理，而这样的技术治理在转型之后又是何种样态呢？基于这两重问题，我开始着手课题论证。

悖论性的问题要么是在学术上具有争议的问题，要么是理论与现实存在冲突的问题，因此解决这种悖论性的问题往往具有重要的学术意义和现实意义，备受评审人青睐。找到这种悖论性的问题往往需要申报者一方面追踪学术前沿，跟踪学术研究动态；另一方面能够扎根基层，立足现实，从基层的实践经验，尤其是创新经验中敏锐地发掘学术理论与经验现实的张力。

第四，其他需要注意的问题。除了以上几个选题的基本要求外，还有其他的一些选题的细节问题也需要注意。首先，题目不能太小。作为一项国家级的基金项目，选题不能仅着眼于细枝末节的小问题，需要站在国家的高度聚焦普遍性的问题。其次，选题须有前期成果的支持。如果没有前期相关成果的支持，一个再好的选题也很难获得立项，因为评审人可能会质疑申报者开展该项选题研究的能力。最后，题目必须简洁、凝练，不要有副标题。以 2018 年国家社科基金青年项目社会学立项题目为例，题目平均字数为 21 个字，没有任何一个题目附带副标题。因此，申报者需要仔细打磨自己的题目，无须装饰，力求用最少的字数直接表达出所要研究的核心问题，让评审人一眼就能明白申报者想要研究的问题，避免题目模棱两可、过于华丽。

二、文献梳理方面

文献梳理实际上反映了申报者对该研究领域情况的掌握程度和继续开展研究的能力。曾经有多位国家社科基金评审专家表示，评审时他们非常看重申报者文献梳理的质量，可从中判断申报者学理基础的扎实性，评估申报者在该领域的学术研究能力。申报者在文献梳理时应注意以下问题：

第一，文献梳理需要做到全面。文献梳理的全面性包括三点：首先，该研究领域重要人物、经典文献的观点切不可遗漏；其次，旧的文献与最新的文献都应包括；最后，国内外文献都应涉及。申报者必然对所申报题目的研究领域非常熟悉，那么，在确定申报的题目后，申报者应该把题目所涉及的研究领域中的重要人物以及其代表性著作或论文都一一找到并加以精读，提炼其核心观点。在这需要注意的是，有些申报者可能会仅仅梳理自己先前阅读过的文献，而忽略了最新的文献，尤其是最近一两年的文献。旧的经典文献是开展研究的基础，新的文献代表该研究领域的研究方向，在文献梳理中，新旧文献合理搭配会使申报者的文献梳理呈现学术史的视野，也会使评审者对申报者的研究基础及追踪最新研究的能力抱有信心。此外，文献梳理要囊括国内外文献，尤其注意不可遗漏国外文献。在文献梳理中，有些申报者喜欢将国外文献与国内文献分开梳理；有的申报者喜欢围绕着学术观点将国内外文献融合在一起来梳理。虽然有些专家表示这两种形式都可以接受，视每个人的写作习惯、学科类型和申报选题的现实情况而定（肖太云，1976），但笔者更倾向于后一种形式，原因有以下几方面：首先，国家社科基金论证书有字数限制，这倒逼申报者在有限的字数范围内用最凝练的语言对文献进行梳理。从以往的经验来看，分别梳理国内外文献所用的字数要远超兼述国内外文献所用的字数。其次，如果某一题目的国内研究文献较多，而国外研究较少，甚至只有几篇文献，那么分别梳理国内外文献，会使文献结构不平衡，在行文结构上也不够和谐、美观。最后，也是最重要的，通过学术观点兼述国内外文献的方式可能会使评审者认为，申报者不但掌握了关于该题目的国内外文献，而且能够将其融会贯通。这种方式相比较于分别梳理国内外文献的方式可能更能打动评审者。总之，需要注意的是，文献梳理要显示该研究领域重要学者的关键文献，同时要注意国内外文献、经典文献与最新文献的平衡。

第二，文献梳理要有条理。文献梳理有条理包含两个方面：一方面，文献梳理需要以观点总结的方式进行梳理，切忌简单罗列学者或文献的观点；另一方面，文献梳理要具有纵向的学术史的视野，切忌静态地、平面地铺开学术观点。因此，申报者在精读选题的相关文献后，需要提炼不同文献的核心观点，然后再对核心观点进行总结和归纳，最终形成关于该选题的主要研究观点。此外，申报者需要对选题的起点、重要的时间节点等进行总结和划分，提炼出每一个发展阶段有关该选题的核心观点。值得注意的是，如果关于该选题的相关研究存在明显的争议，可以按照争议双方的主要观点及其争议的焦点展开文献梳理以凸显研究价值。

第三，文献梳理需要做到述评结合。文献梳理的最终目的是在"述"该选题相关研究的基础上，通过"评"的方式提出研究问题，并展示研究的必要性与研究的价值。因此，一个合格的文献梳理必须做到有评有述，评述结合。申报者进行文献梳理经常犯的错误是：有述无评，即只把文献梳理出来了，没有进一步对文献进行评论；述评脱节，即对文献的评论并未基于梳理，而是基于自己的研究需要；评论不足，即评论不够全面，或者过于简单，以至于不足以帮助申报者提炼出研究问题，并凸显该研究问题相较于已有研究的价值。申报者需要基于自己梳理的文献，全面评论已有文献对当前选题研究的贡献，或者已经解决了当前选题的哪些部分以及对未来继续开展研究的指导意义，同时评论已有文献研究的不足之处，或者已有文献关于该选题的争论，又或者已有文献与经验现实的矛盾等。申报者需要通过对已有文献的梳理，提出自己的研究选题，以及开展该选题研究的必要性与价值。

以国家社科基金立项课题《扶贫开发中的数目字管理研究》（王雨磊，华南理工大学）为例，我们来探讨一个优秀的文献梳理是如何炼成的。首先，申报者对选题——数目字管理进行了一个简单的学术史总结，重点介绍了两个重要人物（韦伯和黄仁宇）的观点，以及后来学界关于该研究问题主要的研究视角。其次，申报者进一步提炼出该研究问题两个主要的研究视角——有效性视角和真伪性视角，并围绕着这两个视角分别对国内外相关文献进行了梳理。最后，申报者分别对两个研究视角进行了评论，指出这两个视角的学术价值以及存在的不足，在此基础上，申报者提出了自己的研究问题，并阐述了研究的必要性与价值。总体来看，申报者的文献梳理既全面，又不失聚焦点和着力点；既具有学术史的视野，又具有条理性；既有述，又有评，因此，可作为一个经典的文献梳理模板供所有的国家社科基金申报者揣摩和借鉴。

三、研究框架方面

论证书的总体框架实际上是向评审者说明如果课题被立项，申报者将要围绕着题目开展哪些研究工作，在某种程度上这就是申报者的研究计划。因此，项目论证书的研究框架必须是切实可行的，才能说服评审者。

第一，研究框架必须紧紧围绕研究选题。研究框架必须以题目为指导，切忌脱离题目。研究框架必须详细阐述和解释研究选题；说明将要从哪些方面、以哪些视角以及运用哪些理论和方法对研究选题的哪些方面展开研究；预期将会得出哪些关于该选题的结论或者解决问题的对策建议等。此外，研究框架的内容还应涵盖研究对象和主要目标。

第二，研究框架必须具有严密的逻辑性。研究框架的逻辑性能够表明申报者对自己未来将要开展的研究有清晰的认知和全局性的掌控，进而增强评审者对申报者完成课题的学术能力的信心。在研究框架中，简单罗列申报者将要开展的研究内容除了会让研究框架显得杂乱无章，还会使评审者质疑申报者是否已经做好开展该项研究的准备。一个有逻辑性的研究框架应该体现学术研究的一般规律，笔者建议研究框架的设计和撰写应包含以下几个模块：第一个模块是阐述该问题在实践中的历史变迁；第二个模块是阐述申报者将如何开展文献梳理，并期望通过文献梳理为未来将要开展的研究奠定哪些基础；第三个模块是阐述申报者将要如何建构理论分析框架并指导未来的研究；第四个模块是阐述申报者将如何分析该问题产生的原因；第五个模块是阐述申报者提炼出了哪些解释机制或者理论，或者国外有哪些经验可以借鉴，并提出相应的对策建议。以 2014 年立项课题《公信力危机背景下官办慈善组织的社会认同重构研究》（刘威，吉林大学哲学社会学院）为例，该课题研究框架的逻辑链条为：官办慈善组织社会认同的历史变迁→转型期官办慈善组织社会认同状况的实证研究→当前官办慈善组织陷入认同危机的原因→官办慈善组织的社会认同机制研究→如何重构官办慈善组织的社会认同，十分清晰地展现了申报者未来将要开展的研究内容和研究规划，必然会得到评审者的青睐。此外，申报者也可以从宏观、中观和微观的视角来设计自己的研究框架。例如，国家社科基金立项课题《扶贫开发中的数目字管理研究》（王雨磊，华南理工大学），申报者就采取了这种研究框架设计方式，在宏观（上级政府）→中观（基层政府）→微观（村庄）方面分别阐述了数目字管理的技术理念→动力机制→村庄治理，非常清晰地展示了申报者的研究内容与规划。

　　第三，可以用概念图或思路图的方式直观地展示研究框架。为了让评审者尽可能快速地了解自己的研究框架，申报者可以尝试将研究框架用概念图或思路图的方式呈现出来。概念图或思路图不但要呈现申报者将要开展的研究内容，而且要通过箭头等方式呈现这些研究内容之间的逻辑关系。当然，申报者需要注意，概念图或思路图在文字表述上一定要简洁，排版上要美观和大方，否则，过于复杂的概念图或思路图可能会过犹不及。以笔者 2017 年立项的国家社科基金"社区公共秩序的建构研究"为例，研究框架概念如图 6-1 所示。

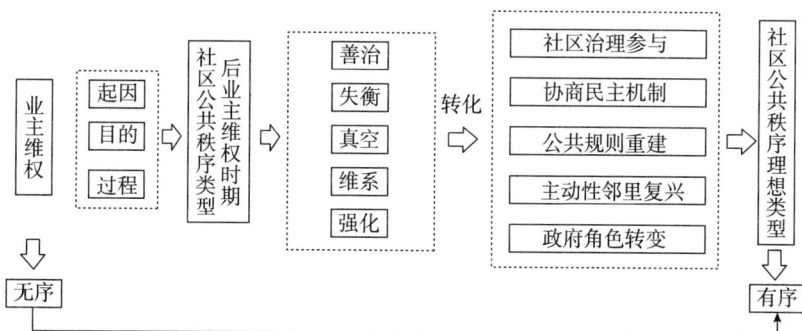

图 6-1　"社区公共秩序的建构研究"研究框架

资料来源：2017 年国家社会科学基金青年项目"社区公共秩序的建构研究"（17CSH005）。

四、前期研究成果方面

国家社科基金的评审者非常看重申报者的前期研究成果，许多评审者在评审论证书时习惯先浏览申报者前期的研究成果，以初步评估项目论证书的价值并形成对申报者的初步印象。如果申报者缺乏前期研究成果，那么一方面会使评审者认为申报者尚不熟悉该选题的相关研究，文献梳理和研究框架设计的质量很可能难以保证，另一方面则会使评审者怀疑申报者开展项目研究的学术能力。因此，充足的前期研究成果既能使申报者获取较高的印象分，又能使申报者的论证书质量和研究能力，甚至是学术声誉获得评审者的肯定。

第一，前期研究成果与选题要具有相关性。前期研究成果要与选题具有相关性是指申报者的研究成果必须与选题有一定程度的联系，在研究主题、理论、对象或方法上至少有一项与选题有关系。在项目论证书上，申报者只能列举与选题相关的前期研究成果，而不能将自己所有的研究成果一一列出。如果将大量与选题没有任何相关性的研究成果列举在论证书里，不但不能充分展示申报者的学术功底，反而会适得其反，使申报者显得底气不足，只能证明申报者对该选题所在的研究领域缺乏一定的积累，只能采取这种"滥竽充数"的方法来蒙混过关，甚至会使评审者质疑申报者的学术态度。

第二，前期研究成果要充足。前期研究成果如果不足会大大降低国家社科基金申报者申报成果的概率。必要的情况下，申报者应先积累研究成果，当研究成果积累到一定程度后再进行申报，否则很可能屡战屡败。

在列举前期研究成果时要注意：先列举重要成果，再列举其他成果；先列举公开发表或出版的成果，再列举未公开发表或出版的成果；先列举自己是独立作者或者第一作者的成果，再列举非独著或第一作者的成果。

五、其他细节方面

细节决定成败，除了以上需要特别注意的申报策略和技巧外，申报者还应注意项目论证书的细节方面。第一，在格式和排版方面，一定要做到形式统一且美观大方。首先，字体、字号、行间距、序号等要做到统一，不可多种形式混用；其次，排版要美观大方，方便阅读，如字号和行间距不宜太小；最后，可以用加粗或标黑的方式突出论证书的重点内容。第二，行文方面要做到无错别字、漏字和增字，避免错句和病句，表达要流畅、简洁，使用学术化的语言，切忌大白话，尽量做到每一个部分都有一个中心句。第三，申报者需要不厌其烦地仔细斟酌，反复修改论证书，或者邀请其他有过评审或立项经验的学者帮助审阅，提供指导意见。第四，匿名性处理、签字、课题名称填写、打印装订以及字数限制等，一定要做到尽善尽美，不留任何错误。

题外话

运用以上国家社科基金项目申请策略和技巧只能帮助申报者提升申报成功的概率，并不必然会保证申报者申报成功，归根结底，能否成功立项取决于申报者的研究积累和学术能力，同时再加一点运气。对大多数青年学者而言，成功申请国家社科基金项目往往不是一蹴而就的，相反，常态往往是屡战屡败。这时，申报者千万不能气馁，一方面要坚持申报，每年都申报，只有申报才有"中奖"的机会；另一方面要学会反思，总结失败的教训，切忌偷懒每年都用同一份论证书申报。当然，也不建议申报者的题目每年都换一个新的，而应基于自己的研究方向，根据当年的申报指南加以调整。然而，最重要也是最根本的是，每一个年轻学者都需要在自己的研究领域选定方向，持续深耕以积累成果，这样成功申报国家社科基金项目就水到渠成了。

打好基础，坚持方向，持之以恒，吸取教训，屡败屡战。

第七章

定量研究方法

　　作为社会科学研究的基本范式，定量研究方法是科学研究的重要方法之一，其通过对事物与现象量的分析，寻求变量因素之间的规律及关系，并以数量的形式表现出来。本章将对定量研究方法的基本概念、特征以及一般过程进行解释说明。

第一节　定量研究方法概述

　　根据分析方法，社会科学可以分为定量研究与定性研究。定量研究是与定性研究相对的概念，运用数学的工具对社会现象的量的方面进行数量的分析，将结果用数量的形式展示出来。社会调查与统计分析是定量研究方法中的重要步骤，其中社会调查是定量研究方法搜集资料的特征或者说方式，统计分析则是在社会调查的基础上对收集到的资料进行处理以便发现其中的规律。

　　社会学的开山鼻祖孔德想用自然科学那样的方法对社会科学进行研究，把自己对社会学进行介绍的专著直接命名为《实证哲学教程》，由此定义（实证哲学）可以看出，他甚至直接认为社会学就是实证哲学。所以社会学从诞生的那天起，就有着浓厚的定量方法的印记。不管是孔德提出的"实证哲学"，还是涂尔干直接用定量方法进行研究的著作《论自杀》，都侧重从事物的量的角度进行研究。

　　何谓实证？用通俗的话讲，实证就是通过眼耳鼻舌等感官的感知，能够确认事物的客观存在。比如，眼睛能看到桌子存在，耳朵能听到声音存在，或者在数字上 1>0 等，这些都是我们不需要经过争辩而确实认同的，也就是所谓的能够被实证的。科学的重要特征在于能够被实证（就是说能够通过这样的手段被确认为确实存在，并被大多数人所认同），所以定量方法因为能够被实证（之所以说它能够被实证，是因为从数字上就能够说明问题，比如 1>0，这个结果是人们能认同的），所以被认为是科学的方法。

对事物的研究有质和量两种角度。从事物的量的角度进行分析，重点在于通过数据的变化来发现其中的规律，但数据太少就不能够发现其中的规律，所以社会学定量研究的样本数量一般不能太少。从统计分析的角度看，一般单个样本以 30 为界，大于等于 30 即为大样本，但对于社会学便于发现量的规律来说，当然样本容量越大越好。样本容量越大，其因数量变化而发生变化的趋势就相对更容易被发现，因此社会学定量研究的样本容量很多时候都在 100 个以上。

定量研究方法一般是数据化的表示结果，也就是说，数字在整个过程中会多次出现，如次数、百分比、相关系数、函数式、模型等。所以，要判断一个研究的研究方法是不是定量方法，还是很容易的。定量研究收集资料的方式，一般是借助量表、问卷等工具，对被调查者的社会态度、社会行为等进行测量，并用数据化的结果表示出来。

定量研究方法是实证主义方法论指导下的研究方法，实证主义方法论的特点是一切用事实说话。定量研究的量化结果便于与其他研究者的量化结果进行比较和验证，便于对因果关系进行精确的分析，可由于定量研究的数据结果具有表面化的特点，所以在用于说明人类活动的因果关系时，是缺乏深度和效度的，但定量研究可验证性的特点又使得它具有广泛的应用范围。

定量研究的过程一般是理论——研究假设——收集资料——验证假设，我们试以一个例子来说明这样的过程。比如，社会心理学上有男女性别角色的概念或理论，说的是男女两种性别在社会中的角色是不同的，这种基于不同性别的社会角色是不同社会文化的产物。因此，有些社会文化中男主外女主内，有些社会文化中男主内女主外，有些社会文化中男女在主内和主外中没有明显的不同。假设现在进行一项关于大学生择业意愿的研究，而根据先前所说的性别角色概念或理论：不同性别基础上的社会角色是不同社会文化的产物，传统的中国社会文化是"男主外，女主内"，因此我们可以建立一个研究假设：男生和女生在择业时会因为"男主外，女主内"

这种文化，而出现男生会优先考虑职业前景和薪酬，而女生可能优先考虑工作是否稳定（以便于照顾家庭）。建立这样的研究假设后，就在问卷中设计能检验这一假设的问题。在最后收集上来的问卷中，对能检验这一假设的问题进行统计分析，以得出统计结果。

从研究方式来看，定量研究一般包括调查研究、实验研究、文献定量研究三种。在具体资料的搜集和资料分析方法上，则包含测量、抽样、问卷、结构式访谈和观察、实验、统计分析等操作方法、程序与技术（风笑天，2019）。

第二节　三种研究方式

一、调查研究

一般来说，抽样、问卷和统计分析是构成调查研究的三个核心元素，因为是定量的研究方式，所以样本容量不可能太小，在社会调查中，问卷至少是 100 份以上。

1. 调查研究的优势

与其他研究方式相比，调查研究的长处主要体现在：

第一，调查研究严格、规范的操作程序使其研究结果具有较高的信度，即描述和概况事物的精确性较高；

第二，能在较短的时间内提供有关某一总体的丰富资料和详细信息，因此能较好地反映快速变化的社会现象；

第三，既可以用于描述，又可以用于解释这两种研究目的；

第四，应用范围广泛。

2. 调查研究的局限

（1）与其他研究方式相比，存在若干不足之处。比如，在因果关系判断方面，不及实验研究精确；在研究的反应性方面（即因为直接与调查对象的接触可能干扰或破坏了自然状态，从而可能获取到不实信息，"测不准"），不及文献研究的非反应性（无干扰性）。同时，它所采用的自填式问卷或结构式访谈的形式，无形中限制了调查对象对问题的回答，使收集的资料比较表面化、简单化，很难深入调查对象的思想，很难感受到回答者思想和行为整体的生活背景，远不如实地研究。

（2）抽样随机性的困难。要在实际调查研究的过程中切实贯彻随机原则，并不十分容易。随机抽样的科学原则及其严格的程序要求，具有理想化色彩，而抽样的实际过程是处于各种现实条件的限制之中的，两者之间充满了矛盾。从理论上看，要达到抽样的"随机性"要求，必须具备一系列的前提条件。一旦缺乏这些前提条件，抽样的"随机性"就不复存在，调查研究的科学性也就大大降低。然而，现实调查研究中常常缺乏的，恰恰是其中的某些条件。正是众多客观条件的限制，使我们实际调查研究中的抽样，常常不可能完全保证随机性。

（3）自我报告方式的局限。首先，根据社会心理学上的"霍桑效应"，由于调查常常是在被调查者知道自己在被调查时进行的，可能会给出不同于平时的答案。其次，对同一个问题，不同的回答者与问卷的设计者可能有不同的理解和衡量标准，这十分依赖于人们自己的主观感受和经历。最后，人们报告的往往是报告那一刻的感受，而人的感受是容易变化的。

（4）解释能力的不足。调查研究所收集的往往是社会现象在某个时间点上的横切资料，因此适合研究"相关性"，而不是"因果性"。

二、实验研究

实验研究来自于自然科学，19 世纪后期在心理学的研究中得到应用，主要用于探索两种社会事物或现象之间是否存在因果关系。

实验研究（Experiment），是一种经过精心的设计，并在高度控制的条件下，通过操纵某些因素，来研究变量之间因果关系的方法（风笑天，2019）。一般来说，就是在实验过程中引入或操纵一个变量（即自变量）来观察和分析它对另一个变量（即因变量）所产生的效果。实验研究包括三对基本要素："自变量与因变量""前测与后测""实验组与控制组"，也包括如下三种情况：第一种，对同一事物，在不同时间里测两次，分别记下前测和后测的数据，然后进行对比。前测指没有引入自变量的结果，后测指引入自变量后测量的结果。第二种，将样本分为实验组和控制组。因为有时候的测量，不可能在引入自变量前测一次，引入后再测一次，比如如果把性别作为自变量，来测验男孩和女孩观看某项录像的表现，不可能对男孩测一次，然后变成女孩，再测一次。因此只好将严格意义上对同一群人的前测和后测，变成一个男孩组，一个女孩组，这两组除了性别不同，其他有可能影响因变量结果的变量都一样，这样一来，就好像这两组其实是同一组人做了前测和后测。第三种，实验组和控制组各做前测和后测。比如测验施行某种新的学习方法一年之后男孩组和女孩组的变化。对男孩组进行前测、后测，对女孩组也进行前测、后测，然后对比两组的（后测－前测）数值。

除了以上实验研究的基本逻辑外，实验研究的重要特征在于控制。控制是实验研究最本质的特征，没有控制就没有实验。因为根据实验的基本逻辑，如果研究者在实验中缺乏适当的、准确的控制，他就无法确定实验所得到的结果是否真的是由实验中的自变量引起。实验中的控制主要体现在以下方面：

一是自变量能够被单独引入和操控。在实验研究中自变量可以被单独观察和分析，这一点在生活中是很难做到的，因为现实中很多社会因素是互相联系互相组成的，很难说是哪个独立因素的影响。即使从有限的因素中能独立出来，也很难说它没有受到一些未知因素的影响和互相构成。

二是除了自变量，其他因素也需要操控。因为是人的活动，社会因素的实验很多时候受到人为影响的机会很大，比如实验者、实验对象、实验环境、心情，等等。无法做到像自然实验中的变量可以严格控制。因此其实验结果与自然实验相比，有时候可重复性较差。

总之，社会研究中的实验研究需要人为地去营造一些条件或者从众多综合条件中分离出某个条件进行实验，因此显得突兀而不自然，难免有温室中理想化的"制造"之感，脱离现实的社会生活。由于霍桑效应，实验会呈现不同于生活的结果，再加上各种人对人的影响，实验结果可能并不客观。因此，虽然实验研究与其他社会研究方式相比有严格的因果推断逻辑，比较科学和准确，但其会受到政治、伦理、道德等方面因素的限制，仍具有局限性。

三、文献定量研究

与调查研究和实验研究需要直接接触调查对象的研究方式不同，文献研究不接触研究对象，是一种非介入性的研究方式，通过收集和分析现存的，以文字、数字、图片、符号以及其他形式存在的第二手资料——文献资料进行研究。文献研究包括内容分析、二次分析、现存统计资料分析、历史—比较分析等方式，其中前三者是定量的研究方式。内容分析主要用于对各种大众传媒信息，尤其是报纸杂志、广播、电视及网络中的信息进行的分析，适用面较为广泛。二次分析主要是在初始分析的基础上，使用更好的统计技巧，分析初始研究的数据资料，以回答初始研究提出的问题或新问题。现存统计资料分析则主要集中于对那些由国家和各级政府部门编制的统计数据进行分析。

凡是信息的载体，都可称之为文献。文献的外表形式可以是文字、图像、声音、图表、记号、暗号，等等，而不仅限于文字。随着社会的发展，文献的形式会越来越多。

1. 文献定量研究的优势

（1）无反应性。由于各种形式的文献研究都不需要直接同研究对象接触，所以，在整个研究过程中，研究对象不会受研究者的影响而发生变化。

（2）费用低。一般来说，它比进行一项大规模调查所需要的费用要少得多。

（3）可以研究那些无法接触的研究对象，比如已经去世的人。

（4）适于做纵贯分析。其他研究方法所研究的都是现时的情景，往往难以进行纵贯研究，文献研究在这方面则有着它特别的优势。

（5）保险系数相对比较大。其他研究方式，如果设计不周密或准备不充分，往往导致结果不理想，可重做一遍在很多时候又是不可能的，而文献研究弥补过失比其他研究要容易得多。

2. 文献定量研究的局限

（1）许多文献的质量存疑。许多文献有其特定时代的价值观，以及作者个人由于知识、经历、水平等所限而出现的看待问题的不全面，以及个人为了迎合受众、对文献的有针对性的挑选和剔除，等等，因此可能会出现哪怕是同样的文字，也会因为文字背后隐藏的口气不同而表达不同含义；

或者将某段文字摘取出来却不说明其一整段文字，也会使其失去最初含义。这是文字本身有可能造成的错误，更何况有时根本无法查明某些文献所记载的是否杜撰，因此质量往往存疑。

（2）有些文献不易获得。研究者的有些课题无法获得充足的文献资料，因此文献来源有限，无法为自己的研究获得全面资料。

（3）许多文献资料难以编码和分析。现实生活中，文献的表现形式千差万别，许多文献很难或者无法进行编码，需要耗费大量的脑力，即使勉强编码也存在很多偏差。

（4）效度和信度存在一定的问题。现实中，由于缺乏相对客观的标准，研究者会对文献中的内容进行主观鉴别、判断和评价，主观性太强，影响研究的效度和信度。

第八章

定量资料收集方法与技巧

定量资料的收集可以使用的方法包括问卷法、实验法、文献法、量表法、结构式观察和结构式访谈法。

第一节　问卷法

问卷法是现代社会研究中较常用的资料收集方法，由此，调查研究常被称为"问卷调查"。除此之外，问卷法还可用于实验研究。

一、问卷的结构

尽管实际调查中所用的问卷各不相同，但它们往往都包含这样几个部分：封面信、指导语、问题、答案、编码等。

1. 封面信

封面信，即一封致被调查者的短信。研究者能否让被调查者接受调查，并使他们认真地填写问卷，在很大程度上取决于封面信的质量。特别是对于采用邮寄填答法的社会调查来说，调查员甚至不与被调查者见面，因此封面信的影响就更大。封面信在撰写时要力求每句话都有意义，用且只用一句话，点到即止，说明自己是谁、要干什么、调查有什么样的意义、抽样的原则、保密的原则，以及研究的正式单位甚至联系方式，以打消被调查者的顾虑。

2. 指导语

指导语，即用来指导被调查者填答问卷的各种解释和说明，其作用和仪器的使用说明相似。在封面信之后，经常有统一指导本次问卷填答的指导语。对于一些复杂的问题，在问题后有专门针对这个问题的指导语。指导语经常只有一两句话，说明如何填答问题。

3. 问题及答案

从形式上看，问题可分为开放式与封闭式两大类。所谓开放式问题，就是问答题，由回答者根据自己的情况自由填答。封闭式问题，就是选择题，包括单项选择题和多项选择题。设计者在提出问题的同时，还会给出若干个答案，要求回答者根据实际情况进行选择。两种问题各有优缺点，开放式问题深入，但不易编码，对回答者的文化水平有要求，封闭式问题相对较容易，易于编码，但表面化，不够深入。

4. 编码及其他资料

编码，即赋予每一个问题及答案一个数字作为它的代码。编码既可以事前进行，也可以事后进行。前者称为预编码，后者称为后编码。预编码在问卷中可以看到，有一条竖线将它与问题及答案分开，显示以后会在这里编码。后编码在问卷中则看不到，研究者将问卷回收上来之后再处理。

除了编码，有的问卷还需要在封面印上问卷编号、调查员编号、审核员编号、调查日期、被调查者住地、被调查者合作情况等有关内容。

二、问卷设计

"一切为了研究，一切从回答者的角度"，是问卷设计的基本原则。总的来说，问卷的形式设计、词语使用、难易程度等，也必须考虑受众的特点，他们容易接受什么样的用词、试题难度是否过高等。采用自填问卷法和结构式访问法的问卷因其面对的对象不同，设计会不同，但都要充分考虑受众可能产生的反应，比如问卷太厚问题太多需要花费时间去思考和计算以及涉及隐私等让回答者产生抵触情绪，问卷设计者要努力解决这些困难，牢记问卷是为了搜集回答者的情况的，应采用适合于他们的问题去问，如果有些不能直接问的，就从侧面去问相关的问题，尽量减少回答者所要做的工作，降低难度。问题的排列应尽量坚持"先易后难""趣味在前""少而精"等原则，能用一个问题问清楚的，就不多问第二个问题，尽量做到各大问题重合少，不啰唆。问答题也尽量要少，同时要避免对回答者产生主观影响，比如问题在有意或无意地诱导回答者做出某种回答等。

三、问卷调查方法

从大的方面来划分，调查研究中的资料收集方法主要有两种基本类型：其一是自填问卷法，其二是结构访问法。自填问卷法指的是调查者将调查问卷发送给（或者邮寄给）被调查者，由被调查者自己阅读和填答，然后再由调查者收回的方法。结构访问法则是指调查者依据结构式的调查问卷，向被调查者逐一提出问题，并根据被调查者的回答在问卷上选择合适答案的方法。两者的区别是谁在问卷上填写。自填问卷法又可分为个别发送法、集中填答法、邮寄填答法和网络调查法，结构访问法又可分为当面访问法、电话访问法等。

每一种具体的资料收集方法在操作程序上互不相同，分别具有不同的特点，所以也适用于不同的调查对象和不同的调查课题。

1. 自填问卷法

（1）个别发送法。个别发送法是自填问卷法中最常见的实施办法。具体做法是，调查员依据所抽取的样本，将问卷发送到被调查者手中，请他们合作填答，并约定当场回收或者事后回收。这种方法的特点是较为省时省力省钱，但不如邮寄填答法更省钱，不如集中填答法更高效。此方法下，回答者可面对调查员，因此可以解释，填答质量相对较好，但仍然达不到结构式访问法的填答质量，可匿名性比结构式访问法好。

（2）邮寄填答法。研究者邮寄问卷给被调查者，同时附上已写好回邮地址和收信人且贴好足够邮资的信封。西方国家，由于已经较大范围接受了社会调查的方式，所以对此种方法的应用比较普遍，但我国采用这种方法的还比较少。这种方法的优点是省钱，所有的地方几乎都能邮寄到达，但缺点是被调查者的地址有时候不易得到，回收率低，因为不能当面解释所以填答质量不能保证，匿名性也差，因此若涉及一些隐私，回答者会有所顾忌而不愿如实回答。

（3）集中填答法。集中填答法适合于在学校、公司等组织内部应用，因为这些组织能够将被调查者集中起来。每人发一份问卷，研究者统一讲解，被调查者当场填答，统一收回。这种方法的优点是高效、回收率高，缺点是在很多时候无法使用，而且样本可能会互相影响。

（4）网络调查法。常见的网络调查方式有三种：第一种方式是将调查问卷直接链接在网站的网页上，任何一个上网者都可自由填答，但其质量得不到保证，随意性较大。所以，学术研究较少采用这样的方式，大众媒介有时采用；第二种方式也是将问卷链接在特定的网页上，但其要先确定调查总体，然后分别给样本中的调查对象发电子邮件（类似于封面信），说明这项调查，并附上调查问卷的链接地址，调查对象只要点击就可接受调查，结束后问卷的数据会自动存入事先设计好的数据库文件中；第三种方式与第二种方式的区别是给样本中的调查对象发电子邮件，不过不是链接，而是问卷本身，回答完毕之后，将电子问卷回发给研究者。后两种方式主要在学术研究中运用，与邮寄填答法类似，只是采用了新式的电子邮件进行资料收集。

2. 结构访问法

当面访问法和电话访问法的区别在于是当面还是用电话，共同点在于由访问员和被访者一问一答，再由访问员将答案填答在问卷上。

（1）当面访问法。采用当面访问法一般必须事前培训访问员，研究者逐个讲解问卷的各项情况，之后访问员两两配合模拟（访问员与被访者），互换角色再次模拟，最后总结访问中可能出现的问题，由研究者统一解答。这一方法要求严格依据调查问卷的问题及顺序来提问，访问员不能随意对问题做出解释，答案的记录也完全按问卷的要求和规定进行。这样是为了尽量降低不同访问员对不同被访者的不同影响，以做到机器般的无差别。

（2）电话访问法。电话访问法是指调查员通过打电话的方式与被调查者联系，并在电话中对被调查者进行调查访问的方法。西方国家早在几十年前就开展了电话访问调查，步骤为：设计好电子版问卷表；设计好随机抽取电话号码的计算机程序；挑选和培训一组电话访问调查员；访问员实际开展电话访问。

第二节　实验法

实验研究在自然科学中常用，适于进行因果分析，一般预先提出一种因果关系的尝试性假设，然后通过实验操作进行检验。

一、基本工作内容

实验法的基本程序可分为准备、实施和资料处理三个阶段及若干步骤。

"变量的选择和分类""变量的控制""变量的测量"是实验中三项基本工作内容，这里重点谈后两项。

1. 变量的控制

对所有无关变量的控制原则是：使它们在实验中保持不变或较少变化，如有可能应尽量把它们排除，使其不致影响或混淆自变量与因变量之间的因果关系。控制外部影响因素的方法有以下几种：

（1）随机法。随机法是以随机分派的方式将实验对象分配到实验组和控制组（或各个不同的实验组）。

（2）配对法。使实验组和控制组在各种特征上的比例大致相同，或者在某一主要影响变量的分布和方差上大致相同。但是，它们不能消除其他未控制因素的影响。

（3）排除法。这种方法是在实验之前把其他影响因素排除在外。例如，测量不同年龄学生的英文水平时，家庭出身、年级、性别也可能会对智力水平有影响，为排除这些影响，可以只对出身于某一类家庭（如干部家庭）的五年级女学生进行实验。

（4）纳入法。纳入法是把其他主要的影响变量也当作自变量引入到实验中，同时对几个自变量进行操作、测量和检验。这需要较复杂的实验设计，并运用统计分析的方法考察各个自变量的影响和它们的相互作用。

2. 变量的测量

测量变量一般采用问卷、量表和仪器等工具，要保证测量工具的内在效度和信度，即测量的准确性和可靠性。同时，测量变量还要注意测量对受试者的影响。例如，同一批受试者既接受前测、又接受后测，就很容易使他们意识到实验的意图，致使实验结果的效度降低。在测量时，应尽量不使实验对象觉察到实验的真正目的。为此，可以采用一些自然的或者伪装的测量方式，如在例行的课题测验中测量等。

二、实地实验设计

实地实验，是在研究现场进行的实验，特点是隐蔽性、真实性和概括性都较高，实验对象一般不易发现现场实验的目的，很难觉察到实验对象的存在，因此具有较高的实用性。不同实验会根据不同的情况，进行不同的程序设计。其主要缺点是，对实验变量和外部变量缺乏严格的控制，要弥补这一缺陷，应当尽可能地在相似状况下重复同一项实验，以相互验证。

第三节　文献法

文献定量研究方法，是一种既包括资料收集方法也包括对这些资料的分析方法的研究方式。上一章已经述及，根据研究的具体方法和所用文献类型的不同，可以将文献定量研究划分为内容分析、二次分析和现存统计资料分析三种类型，本节我们将予以详细介绍。

一、内容分析

1. 内容分析的概念

内容分析是对各种形式传播的信息的显性内容进行客观、系统和定量的描述与分析的一种方式。研究者所分析的只是这些外在的、表面的内容，而不是内容的深层意义。

2. 内容分析的程序

内容分析的基本目的在于将一种非数量表示的文献转换成用数量表示的资料，其结果也经常以频数、百分比、交互分类表等统计形式来表现。在具体操作程序上，内容分析与调查研究相同或相似，在程序上通常需要界定总体、抽取样本、确定编码体系、进行实际编码、统计分析，下面对其中的关键环节进行详细阐述。

内容分析需要抽取有代表性的样本，抽样常常在杂志、报纸、电视节目、广告或其他类似文献的标题或期号中进行，也有一些是在作者、书籍、章节、段落、句子、短语、词汇等层次上进行。一般采用随机抽样的方法。尤其是多阶段随机抽样的方法运用得更为普遍。首先是媒介的抽样。例如，从所有报纸中抽取若干种报纸，从所有杂志中抽取若干种杂志，从所有的网站中抽取若干个网站等。在进行媒介抽样时，经常采用分层抽样的方法。常用的分层标准包括地域分布、受众类型、编辑方向、重要性或规模、播发时间。其次是期号的抽样，即从期刊或报纸的所有期号中抽取若干期号，或从电视台所有时段中抽取不同的时段，或是从所有栏目中抽取不同的栏目等。最后是内容的抽样，即从所抽中的期号、时段或栏目中抽取所分析的内容。

内容分析的另一个关键环节是对样本中的信息进行编码，即根据特定的概念框架，对信息——无论是口头的、文字的、画面的或是其他形式的——做分类记录。与编码工作有关的问题有两个：一是要选择编码的单位；二是要制定一份编码单。选择编码单位，即选择具体的观察和点算单位。这与分析单位不同，分析单位既可以是内容分析中的编码单位，也可以不是。比如说，如果想了解电视广告对男女角色的刻画是否有所不同。在这一研究中，单个的广告就既是编码单位，又是分析单位。但是，如果想了解那些在娱乐栏目中插播的广告与那些在新闻栏目中插播的广告在刻画男女角色方面的差异，或者出现在中央电视台的广告与出现在地方电视台的广告在刻画男女角色方面的差异，虽然编码的单位仍是单个的广告，但其分析单位却不是广告而是栏目或电视台。

编码单是对文献材料进行观察和记录的工具，在某种程度上，它同结构式观察所用的记录单十分相似，其作用相当于调查研究中所用的问卷。它的形成和结构将要依赖于编码单位的选择，即对谁编码。一旦选定了编码单位，研究者就要为它们制定分类或赋予数值。分类的基本要求同问卷中的答案编制要求一样，有两条原则：互斥性和穷尽性。互斥即所制定的各种类别必须是互不相交的。一个被归为"男性"类的人物，就不可能又归为"女性"类；被列入"经济"类的文章，就不能又列入"文学"类。另外，这些种类又必须是穷尽的，即样本中每一种情况都可以归入某一类。

在对文献的内容进行阅读以便编码时，阅读者即编码者，常常会有许多主观的评价标准，会因为阅读顺序的影响而出现先入为主的观念，或者在评价标准上主观性太强，影响到所分析文献在评价上的统一性和客观性。为了避免这种情况发生，需要打乱文献顺序，随机地予以确定。

二、二次分析

1. 二次分析的概念

二次分析主要有两种类型：一种是借助别人为研究某一问题而收集的资料，分析与该问题不同的新的问题，即把同一种资料（已有的、别人的研究所收集的资料）用于对不同问题的分析和研究；另一种则是用新的方法和技术去分析别人的资料，对别人的研究结果进行检验，即用不同的分析方法处理同一种资料，看看是否能得出同样的结论。

二次分析所用的资料是别的研究者或研究机构通过实地调查所得到的原始数据。随着电子计算机在社会研究中的普及和应用，社会研究人员分享各种实地调查和统计所得的大量数据资料成为可能。从 20 世纪 60 年代开始，利用二手资料开展研究在国际上得到大规模发展，许多研究中心和研究机构相互协作，形成了数据档案网，录好原始数据的磁带和输入卡被存入档案库，就像传统的图书馆收藏图书一样，供广泛交流和使用。

2. 二次分析的步骤

（1）选择研究的主题。在主题与资料的关系上，二次分析往往要求主题去适应资料，这主要是因为数据资料是已定的、无法变动的，研究者只能在处理和分析资料的方法技术上动脑筋。因此，研究者应选择一个适合于研究资料的主题。

（2）寻找合适的资料。查阅文献时，如果对某个研究有兴趣，或者对它用到的某个调查资料有兴趣，认为那是自己用得到的，就可以与原始资料的收集者联系，尝试向他索取原始数据和了解具体细节。

（3）对资料的再创造。比如，选取样本中的一部分作为分析的对象，如男大学生样本的资料，或只取择业意愿为大城市的调查对象等开展研究。或者资料本身是为了调查样本的收入情况而收集的样本，研究者可以分析样本的配偶有怎样的特征等。总之，可以对已有资料进行再选取和再创造来适合自己的研究。

（4）分析资料。

3. 二次分析的优缺点

优点是省时、省钱、省力，而且方便。它使研究人员省去了收集原始数据的过程，可把更多的精力放在研究方案的再设计以及统计分析上。

缺点在于其所用资料的准确性或适用性不强。这就是说，某个研究者因特殊目的所收集的数据资料，不一定正好与另一个研究者的研究旨趣相符，即效度较低。

三、现存统计资料分析

1. 现存统计资料分析的概念

现存统计资料分析即运用各种现存的统计资料进行研究分析。二次分析所用的是原始数据资料，而现存统计资料分析所利用的则是那种以频数、百分比等统计形式出现的聚集资料。

在国内研究中，最有价值的统计资料是由国家统计局编辑的《中国统计年鉴》、诸如《中国人口统计年鉴》《中国城市统计年鉴》《中国教育统计年鉴》这样的分支统计资料，以及各主要研究机构提供的统计资料。

在利用现存统计资料时，应注意三个问题：一是应该对统计资料的内容、对象、范围、特点等有清楚明确的认识，这是正确运用现存统计资料进行研究的前提；二是十分清楚各种统计指标、比率和数字的实际含义及计算方法，不能含含糊糊；三是要注意现存统计资料是聚集资料（集合性资料），它们所描述的对象通常是群体而不是个体。

2. 现存统计资料分析的步骤

（1）选择合适的资料。需要熟悉各大数据库、各大统计资料书刊，以及熟悉获得它们的方式，如果你所研究的问题与某种统计数据资料较为相似，就可以选择这种统计数据资料。应从各种调查统计部门所编制的现存统计资料中，选择最适合研究问题、最有代表性和最有说服力的证据。

（2）比较与分析资料。由于现存统计资料是聚集资料，我们无法把它们分解开来使用，所以分析和比较资料应在现有统计资料本身的结构中进行，在比较中发现、发掘问题。

（3）说明资料来源。要严格说明所用的现存统计资料的来源，并使这种资料能够被理解。研究者必须对所用资料的各种注释、总体基础以及测量指标的确切类型等都有明确的认识，严格注释和说明资料的来源和出处，否则容易让人怀疑你的专业性，并且不信服你已经真正理解了这些统计资料各项指标的含义和计算方法。

第九章

定量资料分析

社会调查与统计分析是定量研究的重要步骤，社会调查是统计分析的基础与前提。本章先介绍了社会调查的具体步骤，然后又分别介绍了单变量、双变量和多变量三种类型的描述统计与推论统计。

第一节　社会调查与统计分析

一、社会调查与统计分析之间的关系

为了更好地说明二者之间的衔接，需要捋顺二者之间的脉络。

社会调查有五个阶段，而统计分析是它的第四个阶段。

第一是选题阶段。选题是一个研究的开始，题目选取的好坏直接影响到研究成果所在的档次，换言之，如果一个意义不大的题目，即使后面的研究工作做得再好，成果再细腻丰富，也不具有大的价值。

除了意义要大之外，选题还需要具备创造性、可行性、合适性。创造性指题目或里面所用到的方法、理论、脉络、对象等诸方面至少要在某一个方面跟别人相比有新颖之处，否则不论哪个方面都跟别人的一样，那就显示这个研究没有进行的必要了。可行性是指这个研究者有做这个研究的条件和能力，如果一个题目意义再大，但研究者没有能力和条件做，那也是空中楼阁。可行性这一条件可以说是最基本的选题条件。合适性是说当有不同的题目供你选择时，尽量选择其中那个最合适自己的。这个合适，指的是在经验阅历、知识结构、价值观等方面的合适。

总的来说，选题的 4 个标准在发生冲突的时候要具体问题具体分析，一

般而言，我们会把意义大当作最重要的考量标准。只要可行性允许，就尽量选择一个意义大的题目，但实际操作中还要具体问题具体分析。

第二是准备阶段。在准备阶段要做的工作是了解情况、建立假设、操作化、设计问卷等。在这一阶段，建立假设是要在原有理论的指导下进行的，此处的理论模式是理论检验。在操作化时要注意分解指标，如果指标不好分解，可以先降低维度，再进行分解。在设计问卷时也要注意一切都围绕问卷的目的而开展，做到所有问题都是问且必须问的。在问题的问法上也要注意受众特点以及问题的敏感程度，并根据具体情况来安排问题的顺序和提法。

第三是实施阶段。这一阶段要做的工作包括试调查、（概率）抽样、收集资料、回收问卷等。试调查指的是在调查工作开展之前担心问卷设计错误，或者印刷错误等，在正式问卷印刷之前先小型印刷几十份，进行小范围之内的调查，以对问卷的设计以及印刷进行检验。然后进行抽样，理论上要求抽样方法是概率抽样，因为抽样误差会较低，也才能够代表总体，进行总体的推论。收集资料的方式则有很多种，需根据实际情况进行设计。

第四是统计分析阶段。在这一阶段，一般借助于计算机软件进行统计分析。具体的过程包括校核资料、录入、统计数据、分析数据、命题检验、解释等。校核资料包括查看问卷中有没有前后填写不一致的地方，如前面回答自己未婚，而后面选择了自己丈夫的职业种类。这就说明这两个问题的回答必定有一个是假的答案。针对这样的问题可复核其他问题的答案，以便进行真实答案的估计。此时可以将错误处理为缺省也可判断为填答者的下笔失误并予以纠正。校核资料还包括对整个问卷进行填答质量的考评，如果填答质量太差，可考虑将整篇问卷作废。在进行数据分析时，虽然是借助于计算机软件进行统计分析，但是统计分析的原理是要进行学习和掌握的，这就是社会统计学这门课要解决的内容。通过统计分析，能够对命题进行检验，并进行有可能的解释。

第五是撰写调查报告阶段。撰写调查报告要求用语中肯客观，进行解释时要联系相关的理论和专业概念进行深度的解释，并且以汇报和探讨的口气进行，因为这只是作者在自己的专业角度进行的某个特定角度的解读，并不一定就是事实的全部或者部分真相。因此为了做到客观，要用"笔者认为""本文认为"这样的表述。

二、统计分析的主要内容

统计分析包括描述统计和推论统计两种。

所谓描述统计,指就事论事,也就是对样本的情况进行说明。比如,就"华电在校本科生就业意愿研究"这一研究课题而言,假设华电在校本科生为2万人,那么这2万人就是符合条件的总体。我们的调查一般是抽样调查,假设从中抽取了500人,那么这500人就是样本。描述统计指的就是对这500个人进行描述,而并不扩大到2万人。因此,描述统计包括对资料的整理、分类、简化,以及描述样本的特征。

所谓推论统计,指的是依据概率论,研究如何依据有限的样本资料对总体的性质做出推断。对于上段所举的例子来说,就是根据500个人的样本情况来推论2万人是什么情况。推论统计包括参数估计、假设检验两个部分。参数估计指的是根据样本的统计值估计总体的参数值。比如,经过抽样调查获得样本的统计值,据此来推断总体相应的值的点估计和区间估计。点估计是指估计出一个具体的点,区间估计是估计出一个大概的区间,对此可以有90%、95%、99%、99.9%的对的把握。一般来说,区间估计比点估计使用范围更广,用得更多,可借鉴性也更大。假设检验与区间估计有点类似于一体两面的关系。假设检验多检验的是标准化后的Z值,也就是把某个在普通的正态分布上的一点变化为标准正态分布上的点,继而通过与临界值进行比较,以判断落在了接受域还是否定域,继而判断是接受H0,还是否定H0。在此,H0是虚无假设,假设检验的逻辑是通过直接检验H0,从而间接检验H1。也就是在保护H0的状态下(经常是95%的概率)对H0进行检验,如果发现这种情况不太可能发生(概率小于5%),就认为这一事件为小概率事件,即它的反面才是正常情况下会成立的假设。

细致地说,描述统计和推论统计可分为单变量、双变量、多变量的描述统计和推论统计,后文将予以详细介绍。

第二节　资料统计分析的准备工作

一、资料审核

资料审核，是资料处理的第一步。它是指研究者对所收集的原始资料（主要是问卷）进行初步的审阅，校正错填、误填的答案，剔出乱填、空白和严重缺答的废卷。其目的是使原始资料具有较高的准确性、完整性和真实性，从而为后续的资料整理录入与统计分析工作打下较好的基础。

资料的审核工作包含两方面的内容：检查出问卷资料中的问题；重新向被调查者核实。在实际操作中，可以一边调查一边检查一边核实，这种方式称为实地审核；也可以等调查工作结束之后，先把资料收回，然后集中时间审核，这称为系统审核或者集中审核。这两种方法各有优缺点：实地审核及时，效果较好，但依赖于调查员的个人处理问题的能力，审核的质量难以保证；系统审核统一组织安排和管理，统一指导，审核的标准比较一致，检查的质量也相对好一些，但时间长，少数个案有时可能无法核实。

二、资料编码

资料处理阶段，我们需要将被调查者对问卷中问题的回答转换成供计算机识别和统计的数字，这就需要用到问卷中的编码。编码包括预编码与后编码，一般需要根据编码手册（也称编码簿）进行。这个编码簿是研究者编写的，在编码时发给编码员，每个编码员按编码手册的要求，统一进行资料转换。在编码手册中，研究者将编码的项目和问题一一列出，逐一规定它们的代码、宽度、栏码、简要名称、答案赋值方式及其他等。整个编码手册的格式要规范统一，指示要明确，且容易理解，便于操作。表9-1是编码手册的示例。

表 9-1　编码手册

名称	变量	含义	宽度	栏码	答案赋值
区	V	调查地点	1	1	1= 石家庄, 2= 保定, 3= 邢台, 4= 邯郸
个案号	ID	个案	3	2~4	根据问卷号码填写：001~999
问题 A1	A1	性别	1	5	1= 男, 2= 女, 0= 无应答
问题 A2	A2	年龄	2	6~7	按实际年龄填写：01~99, 大于 99 的填 99
问题 A3	A3	文化程度	1	8	1= 小学及以下, 2= 初中, 3= 高中或中专, 4= 大专, 5= 本科及以上

三、数据录入

当问卷的答案转化成数据资料后，就要将这些数据资料录入计算机，以便利用专门的统计分析软件如 SPSS、SAS、STATA 等进行分析。

数据的录入有两种主要的方式：一种方式是直接在 SPSS 软件中录入，有关用 SPSS 软件录入数据的方法，读者可参见各种介绍 SPSS 软件的专门著作；另一种方式是采用专门的数据库软件，如 EPIDATA 等录入，然后再用 SPSS 软件将录好的数据读入即可，这类数据库软件的使用方法也同样有专门的著作介绍。两类软件的录入操作步骤都不太复杂，不同的研究者可根据自己的喜好自由选择。从两类软件的特点和输入方法上看，专门性的数据库软件往往能较好地保证录入的正确性，相对来说更能减少录入数据所产生的误差。由于一项调查问卷的数据总量往往很大，通常需要多个录入人员共同完成，所以研究者要精心组织录入工作，对人员挑选、培训、分工、检查等多方面做好安排。

四、数据清理

在数据资料的录入过程中，无论我们组织安排得多么仔细，录入人员工作得多么认真，还是会出现一些小的差错，因而在进行计算机统计分析之前，应仔细地进行数据清理，以免让错误的数据进入运算过程。数据清理工作是在计算机的帮助下进行的，通常有下列几种方法：

1. 有效范围清理

有效范围清理是因为超出了数字的有效范围而被认定是错误的数据的清理。比如，如果在数据文件"性别"这一变量栏中出现了数字 6 或者 7、8 等，我们马上就可以判定这是错误的编码值。因为根据编码手册中的规定，"性别"这一变量的赋值是 1= 男、2= 女、0= 无回答，凡是超出这三者范围的其他编码值，都肯定是错误的。

要检查出所有不符合要求的编码值，我们只需在计算机上用 SPSS 软件（或其他软件）执行一条统计各变量频数分布（Frequency）的命令。在频数分布表中如果发现变量的取值超出编码手册所规定的赋值范围，可通过计算机将这些个案查找出来，并同原始问卷进行核对和修改。如果一份问卷中错答、乱答的问题不止一两处，则可考虑取消这个个案的全部数据，作为废卷处理。如果一份问卷中只一两处错误，则可将错误的部分作为缺省处理。

有效范围清理是一种基本的清理方法，对于查找录入错误有较好的效果。

2. 逻辑一致性清理

逻辑一致性清理则是依据问卷中的问题相互之间所存在的某种内在的逻辑联系，来检查前后数据之间的合理性。如果问卷编码为"男性"的个案数据中出现了"怀孕次数"的答案数字、编码为"正在享受低保"的个案数据中出现了"其个人人均收入数十万元"的答案数字、编码为"未婚"的个案数据中出现了"配偶"的答案数字，可以在 SPSS 软件中执行条件选择命令，将所有回答逻辑矛盾的个案挑出来，然后找出原始问卷核对，发现问题所在并做相应的改正。

3. 数据质量抽查

还有一种无法查出来的错误，即数据答案没有超出填答的范围，也没有逻辑不相符，只是由于被调查者粗心或录入操作失误等原因出错。如"文化程度"，问卷上填答的答案是 2（初中），但被调查者的真实情况为 1（小学及以下），或者问卷上填答的答案是 2（初中），真实情况也是 2，编码值也是 2，但数据录入时却错敲成了 3（高中及中专），由于问卷中没有与这一答案存在逻辑关系的其他问题，所以这一错误很难发现。

这种错误只有一种方法可以检验，即采用随机抽样的方法，抽取一部分个案，进行校对，并根据这个结果来推断全部数据的质量。

第三节　单变量统计分析

　　单变量统计分析可以分为两个大的方面，即描述统计和推论统计。描述统计就是就事论事，就样本说样本，主要目的在于将样本的相关特征用一些数值大概地说明，包括集中趋势分析、离散趋势分析等。推论统计则是由样本推论到总体，使用概率论的相关知识，推测总体是什么情况，主要包括区间估计和假设检验等。

　　所有统计分析的第一步都是分清定类、定序、定距变量，然后根据不同的变量类型进行统计分析。定类变量指的是只有类别属性之分的变量，如性别，只有男、女两类。定序变量指不单有类别属性之分，还有高低次序之分，如空气污染程度取值为高、中、低的变量，如气候污染程度。定距变量指不单有类别属性之分，还有高低次序之分，用数据表示出取值，因此可以进行减法的计算，如取值为 0~100 分的某门课程的成绩。

一、单变量描述统计

1. 集中趋势分析

　　集中趋势分析，指的是用一个典型值或代表值来反映一组数据的一般水平，或者说反映这组数据向这个典型值集中的情况。常见的反映集中趋势的数据有众数、中位数和算术平均数（简称平均数，也称为均值）三种。

　　对定类变量，一般用众数表示其集中趋势。如某班的学生性别，众数为女生。注意：众数指的就是出现最多的那个变量，因此众数可能并不是唯一的，其示意图并不一定是单峰。

　　对定序变量，则可用众数、中位数描述集中趋势。中位数指的是将某个序列进行高低顺序的排列之后，排在中间位置即 50% 位置的数。对中位数进行计算一般有三个步骤：排序（按照从低到高的顺序排）、找位置 [位

置的计算公式为 $\frac{1}{2}$（n+1）]、根据位置找数。

对定距变量，则可用众数、中位数、均值描述集中趋势。平均数的定义是，总体各单位数值之和除以总体单位数目之商，在统计分析中习惯以 $\bar{x}$ 来表示。其计算公式为：

$$\bar{X} = \frac{\sum X}{n}$$

$$\bar{X} = \frac{\sum Xf}{\sum f} = \frac{\sum xf}{n}$$

有时也会遇到组距分组形式的资料，其集中趋势的分析如下：

（1）连续型变量。

表示法一：表 9-2 为某班同学的身高分布情况。

表 9-2　某班学生的身高分布　　　　　　　　　单位：厘米

组距	频数
160 以下	10
160~165	19
165~170	25
170~175	17
175~180	5
180 以上	2
合计	78

此时，组中值 = $\frac{上限 + 下限}{2}$，而对于两端有开口组的数据，比如"160以下"和"180以上"这两组，则有组中值 = 上限 $-$ $\frac{邻组组距}{2}$ 或者下限 $+$ $\frac{邻组组距}{2}$。

表示法二：表 9-3 为某班同学的身高分布。

表 9-3　某班学生的身高分布　　　　　　　　　单位：厘米

组距	频数
159 及以下	10

续表

组距	频数
160~164	19
165~169	25
170~174	17
175~179	5
180 以上	2
合计	78

表示法一和表示法二的区别在于，虽然身高是连续型变量，但表示法一采用的是惯常的表示法（连续型变量理应表示为连续），其实行上限不包括在内的原则，两组数据取值的阈是连续的，无间断，而表示法二的表示有间断。假如有个同学的身高为 164.3 厘米，他属于哪组？这种情况就需要考虑真实上限和真实下限。以 165~169 厘米这一组为例，其真实下限为 164.5 厘米，真实上限为 169.5 厘米，相邻组则为 169.5~174.5 厘米，通过这样的方法，解决其取值阈不连续的问题。也就是说，这种表示采用的是四舍五入的方法，170~174 厘米是四舍五入的结果，真实情况是 169.5~174.5 厘米。这种情况下，真实上限 = 标识上限 +0.5，真实下限 = 标识下限 –0.5，

组中值 $= \dfrac{\text{真实上限} + \text{真实下限}}{2}$。

（2）离散型变量。

表 9-4 为某班级四年间借阅书籍的情况。

表 9-4　某班级四年间借阅书籍的情况　　　　单位：本

组距	频数
30 以下	10
30~34	19
35~39	25
40 及以上	17
合计	71

因为它是离散型变量，所以取值的阈有间断是正常的，直接代入公式

就可以计算出组中值，即组中值 $=\dfrac{上限+下限}{2}$。

2. 离散趋势分析

即用一个特别的数值来反映一组数据相互之间的离散程度，是从另外一个侧面来描述和解释一组数据的分布情况，对相应的集中量数的代表性做出补充说明。

例如，中文系五位同学某门课程的得分为 78、79、80、81、82，均值 $\overline{X}=80$；数学系五位同学该门课程的得分为 35、78、89、98、100，均值 $\overline{X}=80$。虽然中文系和数学系各五位同学得分的均值均为 80 分，但其离散程度不同，中文系的很集中，而数学系的很分散。对此，我们需要计算其离散量数来说明其离散情况，进而说明集中量数的代表性。所有的离散量数都是越小越好，越小，说明其分布越集中，那么集中量数的代表性越大。

常见的离散趋势统计量有异众比率、四分位差、标准差等。其中，异众比率、四分位差、标准差分别与众数、中位数、均值相对应，判定和说明众数、中位数、均值代表性的大小。

（1）异众比率 V=（n−f）/n（一组数据中非众数的次数与全部个案数目的比率 f 为众数出现的次数）

（2）四分位差 Q 为把一组数据按从小到大的顺序排列，其 3/4 位置的值与 1/4 位置的值的差异，即 Q=Q3−Q1。四分位差越大，说明有 50% 的个案的分布离中位数越远，因而中位数的代表性就越小；反之，四分位差越小就说明越集中，代表性就越大。四分位差的计算方法同中位数，步骤为排序、找位置、找数。其位置的计算方法为：

$$Q1=\frac{1}{4}(n+1)\,,Q3=\frac{3}{4}(n+1)。$$

（3）标准差为一组数据对其平均数离差平方的算术平均数的平方根。它是用得最多也是最重要的离散趋势统计量，其计算公式为：$S=\sqrt{\dfrac{\sum(x_i-\overline{X})^2}{n}}$。对于单值分组数据资料，计算标准差的公式略有变化：$S=\sqrt{\dfrac{\sum(x_i-\overline{X})^2}{n}}$。

（4）离散系数 CV 为标准差与平均数的比值，用百分比表示，即 $CV=S/\overline{X}\times100\%$。其可以对同一总体中的两种不同的离散趋势统计量进行比较，或者对两个不同总体中的同一离散趋势统计量进行比较。

二、单变量推论统计

推论统计就是根据样本的情况推论总体的情况。推论统计的基础是概率论，利用正态分布曲线和抽样分布原理，进行计算。其中，样本均值 $\overline{X}$ 服从总体均值 u 为中心的正态分布，其标准差称为标准误差，用 SE 来表示，$SE = \dfrac{\sigma}{\sqrt{n}}$（n ≥ 30）；在容量为 n 的随机样本中，样本比例 p 服从总体比例 π 为中心的正态分布，其标准差称为标准误差，$SE = \sqrt{\pi(1-\pi)/n}$（n ≥ 30, np ≥ 5）。

推论统计主要包括两个方面：一是区间估计，二是假设检验。

1. 区间估计

区间估计的实质就是在一定的可信度（置信度）下，用样本统计值的某个范围（置信区间）来估计总体的参数值。其中的置信度一般取 90%、95%、99%、99.9%，以 95% 最为常见。置信度一般用 1-α 表示，其中 α 为显著度，即估错的概率。换句话说，知道了样本的统计值（如 $\overline{X}$、p），又根据抽样分布的原理得到样本的统计值是服从正态分布的，正态分布的标准差假设已知，那么就可以反推这个正态分布的中心点。反推的公式为：$Z = \dfrac{\text{统计值-中心点}}{SE}$。在给出 α 值的情况下，其对应的 Z 值是固定的，公式中只有中心点是未知数，因此可以推算得出。

置信度高低反映的是这种估计的可靠性或把握性问题，而置信区间的大小反映的是这种估计的精确性问题。对于同一个总体和同一个抽样规模来说，所给区间的大小与做出这种估计所具有的把握性成正比。即区间越大，对这一估计成功的把握性也越大；反之，则把握性越小。从精确性出发，要求所估计的区间越小越好，但是从把握性出发，又要求所估计的区间越大越好，真实的情况是需要在两者中进行平衡与选择。

总体均值的区间估计公式为：$\overline{X} \pm Z_{\frac{\alpha}{2}} \dfrac{\sigma}{\sqrt{n}}$。总体百分数 π 的区间估计公

式为：$p \pm Z_{\frac{\alpha}{2}} \sqrt{\dfrac{\pi(1-\pi)}{n}}$，但由于是要估计 π，π 未知，所以用 p 来代替：

$p \pm Z_{\frac{\alpha}{2}} \sqrt{\dfrac{p(1-p)}{n}}$，p 为样本中的百分比。

以上为单总体的区间估计，还有二总体的区间估计，本书不再详述。然而万变不离其宗，不管是单总体还是二总体，不管样本统计值是 $\overline{X}$ 还是 $\overline{X}_1 - \overline{X}_2$，不管是 p 还是 $p_1 - p_2$，一切都需要根据 $Z = \dfrac{\text{统计值－中心点}}{SE}$ 来进行，即总体参数值的区间估计为：样本统计值 $\pm Z_{\frac{\alpha}{2}} SE$。

2. 假设检验

假设检验，实际上就是先对总体的某一参数做出假设（称为原假设或虚无假设，用 H0 表示），然后用某次观察中样本的统计量去验证，以确定原假设是否正确。假如这一统计量与这一参数值在逻辑上同时出现的概率很小（一般与 5% 做比较），那么，因为"小概率事件在一次观察中不可能出现"，而现在它出现了，我们就能推翻原有的假设 H0。这正是假设检验的基本思想和原理。

概括起来，假设检验的步骤为：第一步：建立虚无假设 H0 和研究假设 H1。

第二步：根据样本数据进行计算，其公式为：

$$Z = \frac{\text{统计值－中心点}}{SE} \left(Z = \frac{\overline{X} - \mu}{\dfrac{\sigma}{\sqrt{n}}}, Z = \frac{p - \pi}{\sqrt{\dfrac{\pi(1-\pi)}{n}}} \right)$$

第三步：根据显著性水平查出对应的临界值，对临界值与统计值进行比较，若临界值大于统计值的绝对值，则接受虚无假设 H0，反之，则接受研究假设 H1。

以上，是假设检验最常见的一种方法，即 Z 值法。除此之外，假设检验还有两种方法，分别是 p 值法和置信区间法。

p 值法的前两步和 Z 值法完全一样，第三步则是根据 Z 值查表，查出其对应的概率，然后与显著度的相应值进行对比，判断是接受 H0 还是接受 H1。对比时，需要明白所查的概率对应哪部分概率，用 Z 值的相伴概率 p（Z 值点方向的尾部累积概率）与 α（一端检验）或 $\dfrac{\alpha}{2}$（两端检验）对比，p 越小，H1 越可能成立。

置信区间法是计算出置信区间，然后看 H0 是否落入置信区间，如果落入就接受 H0，否则就接受 H1。需要指出的是，如果是计算样本比例 p 的置信区间，由于置信区间为 $p \pm Z_{\frac{\alpha}{2}}\sqrt{\dfrac{p(1-p)}{n}}$，而 $Z = \dfrac{p-\pi}{\sqrt{\dfrac{\pi(1-\pi)}{n}}}$，所以采用置信区间法和 Z 值法所得的结果有可能不一致，此时要注意，采用 Z 值法所得的结果才是正确的。运用置信区间法时，需要使用最精确的置信区间，即 $p \pm Z_{\frac{\alpha}{2}}\sqrt{\dfrac{\pi(1-\pi)}{n}}$ 进行相关的计算。

第四节　双变量统计分析

双变量统计分析主要探讨两个变量之间的关系。根据变量层次的不同，这种分析所采取的具体形式也不一样。

交互分类表指两个变量交叉分类的表，又称列联表。交互分类的目的是将两变量分组，然后比较各组的分布状况，以寻找变量间的关系。其写成百分比的形式，就是条件百分比表，一般 X 变量的每个值相加为 100%。

PRE 相关测量法是很重要的一种统计分析方法。PRE 相关测量法的定义是：假定不知道 X 的值，我们在预测 Y 值时所产生的全部误差是 E1。如果知道 X 的值，我们可以根据 X 的每个值来预测 Y 值；假定误差的总数是 E2，则以 X 值来预测 Y 值时所减少的误差是 E1–E2。这个数值与原来的全部误差 E1 的比值，就是消减误差比例。因此，消减掉的误差所占总误差的比例越大，说明 X 与 Y 之间的相关性越大。

以下根据变量层次分别展开。在此之前，需要澄清几个问题：

第一，对于两个变量在样本中是否相关这一问题，首先需要判断两个变量的测量层次，其次才是选择对称或者不对称的关系。第一步必须正确，第二步相比之下不那么重要，但这并不是说学生在学习时根本不需要考虑这一问题，而是说，学生如果在判断变量层次时出现错误，全题没分，在判断是否对称时出现错误，则会扣除少数分值。

第二，变量关系的强弱和变量间是否存在关系是两个完全不同的问题。如果案例一中 X 与 Y 关系的显著度达到了 0.001，案例二中 X 与 Y 关系的显著度达到了 0.05，不能得出案例一中变量关系较强的结论，但因为它们反映的只是可信程度，所以比较而言，我们更相信案例一中两者相关关系的存在。也就是说，在讨论变量间的关系时，前者犯错误的概率更小。要判断两个变量之间的相关强度，必须进行相关系数的计算。

第三，不同相关系数之间不能通过比较大小而得出相关程度谁大谁小的结论。如某案例中的 G 系数不能跟另一案例中的 λ 系数相比，即使前者大，也不能得出其变量间关系比后者的变量关系强的结论。但若以同一案例计算 G 系数和 dy 系数，因为两者分子一致，后者的分母大，所以 G ≥ dy。以同一案例计算 λy 与 tau-y 系数的话，一般而言，后者会更敏感地反映 X 与 Y 之间关系的大小，但也曾发现过 λy>tau-y 的情况。

第四，一般而言，相关系数没有下标的一般表示 X 与 Y 的关系对等，即不能明确区分出是谁影响谁（谁是自变量，谁是因变量）；相关系数有下标的则关系不对等，即下标就是因变量。以 λ 系列系数为例，λ 表示对称的关系，λy 与 λx 表示不对称的关系，λx 在理论上也存在，只是现实中我们更习惯以 Y 做因变量。

一、定类变量与定类变量、定类变量与定序变量、定序变量与定类变量

1. 描述统计部分

第一，λ 系列系数。如果两个变量都是定类层次，或一个定类一个定序，我们可以采用 λ 系数测量。其实，一个定类变量一个定序变量的相关系数有更适合的相关系数（Q 系数），但它不具有消减误差比例意义，不能用于预测，因此常把其中的定序变量降低为定类层次，通过计算其 λ 系列系数来预测。

λ 表示对称的关系，λy 与 λx 表示不对称的关系。根据 $PRE = \dfrac{E_1 - E_2}{E1}$ 的逻辑可推导出 $\lambda y = \dfrac{\sum my - My}{n - My}$。其中，my 为 Y 边缘次数中的众数，$\sum my$ 为每个 X 中的众数，因此 X 有几个取值，就有几个 my 相加。

同样，如果因变量不是 Y 而是 X，那么可推导出 $\lambda y = \dfrac{\sum my - My}{n - My}$。

λ 表示的是 λx 与 λy 的加权平均数，可推导出 $\lambda = \dfrac{\sum my + \sum mx - (My + Mx)}{2n - (Mx + My)}$，

其特点是：凡是有 X 出现的地方，均再一次出现 Y。

因为 λy 与 λx 都是根据 $PRE = \dfrac{E_1 - E_2}{E_1}$ 推导出来的，所以均具有 PRE 意义。又因为 λ 是二者的加权平均数，因此也具有 PRE 意义。

在证明 λy 系数具有 PRE 意义时，只需要说明定类变量以众数作为预测的准则，并按照 PRE 的定义说明什么是 E1、对于定类变量来说 E1 等于什么、什么是 E2、E2 等于什么，然后经过一番整理，即可得到 $\lambda y = \dfrac{\sum my - My}{n - My}$。

在证明 λ 系数具有 PRE 意义时，只需要说明 λx 与 λy 各自具有 PRE 意义，λ 实际是 λx 与 λy 的加权平均数即可。

λ 系列系数的基本特点是以众数为预测准则的，因此当表中的众值都集中在同一行时，λy 系数就会等于零；当表中的众值都集中在同一行时，λx 系数就会等于零。如果属于这种情况（等于零），这一系数失灵，需要改用别的系数。tau-y 系数适用于这一情况，它比 λy 更敏感。

第二，tau-y。tau-y 表示不对称的关系。它不是利用众数，而是利用每个次数所占的比例进行预测。相关公式为：

$$PRE = \frac{E1 - E2}{E1} \qquad E1 = \frac{\sum F_y(n - F_y)}{n} \qquad E2 = \frac{\sum (F_x - f)f}{F_x}$$

其中，F_x 表示变量 X 的每个边缘次数，f 为该 F_x 相对应的每个条件次数，F_y 表示变量 Y 的每个边缘次数。

2. 推论统计部分

以上相关系数是说明样本中的情况，而如果需要推论，即推论总体中 X 与 Y 是否相关，则需要进行 χ^2 检验。χ^2 检验的具体要求为：①随机样本；②分析的变量为定类变量与定类变量或定类变量与定序变量。

H0：总体中 X 与 Y 不相关。

H1：总体中 X 与 Y 相关。

公式为：

$$x^2 = \frac{\sum (f_0 - f_e)^2}{f_e} \ [\, df = (r - 1)(c - 1)\,]$$

其中，f_0 为交互分类表中每一格的观察频数，f_e 为交互分类表中 f_0 所对应的期望频数。期望频数指的是如果 X 与 Y 不相关，那么 f_0 该是多少。要计算 x^2 必须先计算出每一格 f_0 所对应的 f_e（期望频数），具体的计算方法是用每一个 f_0 所在的行总数乘以它所在的列总数，再除以全部个案数 N。

卡方分布的形状取决于自由度，卡方值都是非负的，是非对称的一种分布。卡方检验都是一端检验，虽然 H0 和 H1 的写法有点类似两端检验。需要注意：①如果是条件百分比表，一定要先化为条件次数表，再进行计算；②2 × 2 表，且某个期望次数 ≤ 5 时，要用到修正公式。

当然，x^2 检验也有弱点。这主要是由于 x^2 值的大小不仅与数据的分布有关，同时还与样本的规模有关。当样本足够大时，一些很小的分布差异也可以通过 x^2 检验达到显著性水平。所以，对于大样本来说，确定变量间存在"有显著性"的关系并无很大意义，但更重要的问题是，"如果变量之间存在关系，其强度有多大"。

二、定序变量与定序变量

1. 描述统计部分

如果用 Ns 表示同序对数目，Nd 表示异序对数目，则 T_y 表示 Y 同分对。如果某对个案在两个变项上的相对等级是相同的，则称为同序对。如果某对个案在两个变项上的相对等级是不同的，则称为异序对。T_y 表示两个个案在 Y 变项上不能分出高低，在 X 变项上则可以。

Gamma 系数通常用 G 表示，其取值范围是 [−1, +1]，适用于分析对称关系，且既表示相关的方向性，又表示相关的程度，具有消减误差比例的意义。公式为：$G = \dfrac{N_s - N_d}{N_s + N_d}$。

d_y 系数唯一与 Gamma 系数的不同之处是它分析不对称的关系，也具有消减误差比例的意义。公式为：$d_y = \dfrac{N_s - N_d}{N_s + N_d + T_y}$。

2. 推论统计部分

H1 有两种表示方法，分别为 H0：总体中 G=0，H1：总体中 G>0 或 G<0（一端）；H0：总体中 G=0，H1：总体中 G ≠ 0（两端）。具体是采用第一种还是第二种，要视具体情况而定。如果已经计算了样本中的 G 系数，可根据 G 系数的大小而定，G>0 就写总体中 G>0，否则就写 G<0。总的来说，有方向的研究假设，是有利于通过检验的。检验方法有两种，即 Z 检验和 t 检验。具体采用哪种方式，要看 n 是否 ≥ 100，如果是，就用 Z 检验，否则，就要用 t 检验。具体公式为：

$$Z = G \sqrt{\frac{N_s + N_d}{n(1 - G^2)}}$$

$$t = G \sqrt{\frac{N_s + N_d}{n(1 - G^2)}} \quad (df = Ns + Nd - 2)$$

三、定类变量（或定序变量）与定距变量

1. 描述统计部分

当分析的自变量为定类（或定序）变量，因变量为定距变量时，我们用相关比率（Correlation Ratio）或 Eta 系数来测量两者间的相关程度。相关比率又称为 Eta 平方系数，记为 E2，数值范围为 0 ~ 1，具有消减误差比例 PRE 的意义，表示用 X 来预测 Y 时，能够消减掉的误差的比例。E ∈ [0，+1]，表示相关程度，不具有 PRE 意义。公式为：

$$E^2 = \frac{\sum (y - \bar{Y})^2 - \sum (y - \bar{Y}_i)^2}{\sum (y - \bar{Y})^2}$$

$$E = + \sqrt{E}$$

其中，y 为因变量的数值，$\bar{Y}$ 为因变量的均值；$\bar{Y}_i$ 为在自变量 X 的每个取值 X_i 上的因变量的均值。通常，为了计算方便，常将上述公式化为下列形式：

$$E^2 = \frac{\sum n_i \bar{Y}_i^2 - n \bar{Y}^2}{\sum Y^2 - n \bar{Y}^2}$$

其中，n_i 为 X 变量每一取值的频数合计值，n 为总的频数值，$\sum n_i = n$。

2. 推论统计部分

一般使用 F 检定，如果 X 的分组数为 2，也可以使用 t 检定。

使用单因方差分析中的 F 检定需要具有以下需求：①随机样本；②分析的变量为定类变量与定距变量；③正态分布；④方差齐性。前两个条件是主要的条件。

H0：总体中 u1=u2=u3；

H1：总体中 u1、u2、u3 不完全相等（其中任意两个可以相等，而不是必须要求三个都不相等）。

此处可以用两种方法进行。

方法一：根据 E^2 系数。公式为：

$$F = \frac{E^2}{1 - E^2} \frac{n - k}{(k - 1)} \quad df1 = k - 1, df2 = n - k$$

然后，与 F 的临界值对比。

注意：①自由度有两个；②均为一端检验。

F 越大越容易落在否定域。E^2 具有消减误差比例的含义，因此 $1-E^2$ 是被剩余下来的误差比例。

方法二：不算 E^2，而是根据原资料直接来求。公式为：

$$F = \frac{组间平方和}{组内平方和} \frac{n - k}{(k - 1)}$$

$$= \frac{BSS}{WSS} \frac{n - k}{(k - 1)}$$

其中，$BSS = \sum n_i(\bar{Y}_i - \bar{Y})^2$，$WSS = \sum (Y - \bar{Y}_i)^2$。

四、定距变量与定距变量

1. 描述统计部分

第一，相关分析。采用皮尔逊相关系数（或称皮尔逊积差相关系数）r，计算公式为：

$$r = \frac{\sum (x - \bar{X})(y - \bar{Y})}{\sqrt{\sum (x - \bar{X})^2} \sqrt{\sum (y - \bar{Y})^2}}$$

$$r = \frac{n\sum XY - \sum X \sum Y}{\sqrt{n\sum X^2 - \left(\sum X\right)^2}\sqrt{n\sum Y^2 - \left(\sum Y\right)^2}}$$

如果把公式中 x 与 y 的位置互换，r 的值不变，说明 r 表示一种对称关系，r∈[-1,1]。r 本身不具有 PRE 意义，但 r^2（又称为决定系数）具有 PRE 意义。

第二，回归分析。相关分析的目的在于了解两个变量之间的关系强度，即用相关系数来描述 X 和 Y 两个变量之间的共变特征。但 X、Y 必须满足三个条件才能成为因果关系：①两者有相关（Y 为因变量）；②X 先于 Y 变化；③X、Y 的关系不是受其他因素影响而形成的，即确实是由于 X 的变化引起了 Y 的变化。

回归分析就是因果分析，回归分析的对象是定距层次的变量，它的中心问题是建立回归方程，而建立回归方程的基础是最小二乘法。下面，我们以表 9-5 中的数据为例，介绍一元线性回归方程的建立过程。

表 9-5　10 名工人年龄与收入资料统计表

年龄（x）（岁）	收入（y）（元）	x-$\bar{X}$	(x-$\bar{X}$)^2	y-$\bar{Y}$	(y-$\bar{Y}$)^2	(x-$\bar{X}$)(y-$\bar{Y}$)
25	280	−12	144	−50	2500	600
32	300	−5	25	−30	900	150
41	350	4	16	20	400	80
28	300	−9	81	−30	900	270
37	380	0	0	50	2500	0
50	360	13	169	30	900	390
44	400	7	49	70	4900	490
54	420	17	289	90	8100	1530
33	260	−4	16	−70	4900	280
26	250	−11	21	−80	6400	880
$\sum$=370	3300		910		32400	4670

注：$\bar{X}$=37，$\bar{Y}$=330。

资料来源：风笑天.社会学研究方法［M］.北京：中国人民大学出版社，2005:294.

首先，年龄影响收入，我们确定年龄为自变量 x，收入为因变量 y。

其次，以自变量为 x 轴，因变量为 y 轴做出表中资料的散点图（见图 9-1），以判明是否为线性相关。

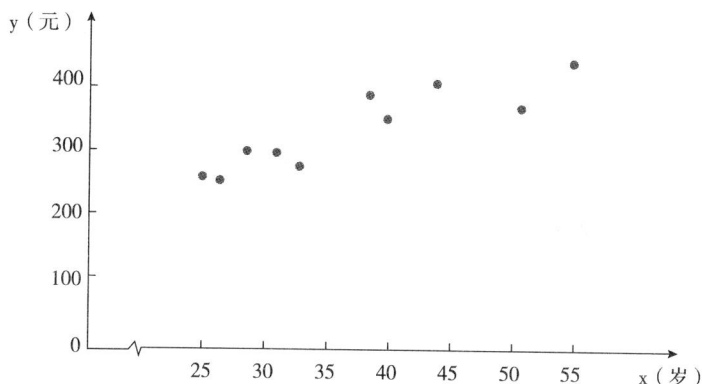

图 9-1　年龄与收入的散点图

资料来源：风笑天.社会学研究方法［M］.北京：中国人民大学出版社，2005:294.

从图 9-1 可以看出，两个变量为线性相关。但接近这些点的直线有很多条，每条直线都不会正好与每一点相连，即都会有误差。回归计算的目的就是找出一条最佳的直线，使它与各点的误差之和最小。最佳回归直线是依据最小二乘法计算得到的，其标准方程为 y=a+bx，其中 b 为回归系数，a 为截距。b 的计算公式为：

$$b = \frac{\sum (x - \bar{X})(y - \bar{Y})}{\sum (x - \bar{X})^2}$$

也可化为：

$$b = \frac{n\sum xy - \sum x \cdot \sum y}{n\sum x^2 - (\sum x)^2}$$

代入值，得：

$$b = \frac{\sum (x - \bar{X})(y - \bar{Y})}{\sum (x - \bar{X})^2} = \frac{4670}{910} = 5.13$$

代入 a= $\bar{Y}$ –b $\bar{X}$，得：

a=330−5.13×37=330−189.8=140.2

故得到回归直线方程：

y=5.13x+140.2

它表示每增加一个单位的 X，就会增加 5.13 个单位的 Y。

有了这条回归直线方程，就可以对不同年龄的工人的收入进行预测，比如：年龄为 35 岁，则收入 y=5.13×35+140.2=319.8（元）；年龄为 48 岁，则收入 y=5.13×48+140.2=386.4（元）。

当然，预测所得到的数值与实际数值肯定有误差，这是由于其他变量对因变量产生影响所造成的。

2. 推论统计部分

分推论 X 与 Y 在总体中是否有直线关系与曲线关系两种。

第一，直线关系。

H0：总体中 r=b=0；

H1：总体中 r ≠ 0，b ≠ 0。

在双变量统计中，表示直线相关关系的皮尔逊相关系数 r 的检验既可采用 F 检验的方法，也可采用 t 检验的方法，因为 $F=t^2$。

F 检验的计算公式为：

$$F = (n-2)\frac{r^2}{1-r^2} \quad (df1=1, df2=n-2)$$

t 检验的计算公式为：

$$t = \frac{r\sqrt{n-2}}{\sqrt{1-r^2}} \quad (df=n-2)$$

第二，曲线关系。

H0：总体中 $r^2=E^2$；

H1：总体中 $r \neq E^2$。

F 检验的公式为：

$$F = \left(\frac{E^2-r^2}{1+E^2}\frac{n-k}{k-2}\right) \quad (df1=k-2, df2=n-k)$$

第五节　多变量统计分析

各种社会现象之间的关系是错综复杂的，相互联系的两种现象之间的关系常常受到其他一些因素的影响。因此，在社会研究中，研究者除了需要进行双变量统计分析，还常常需要进行多变量统计分析。多变量统计分析的方法较多，包括阐释模式、复相关分析、多元回归分析、路径分析、因子分析、聚类分析、判别分析、对数线性模型等，内容十分复杂，需要在专门的统计课程中深入学习。这里仅对少数几种多变量分析方法进行介绍。

一、阐释模式

阐释模式所关心的是两个变量之间的关系，通过引进并控制第三变量，来进一步了解和探讨原来两变量之间的关系的性质。

根据具体作用的不同，阐释模式可以分为三种类型：因果分析、阐明分析和条件分析。

1. 因果分析

因果分析是检定被看作自变量的 X 与被看作因变量的 Y 之间，是否确实存在着因果关系。它通常是引进若干前置变量（第三变量），以判明 X 与 Y 之间的关系是否为前置变量影响的结果。当引进并控制住第三变量的影响后，原来两个变量间的关系消失时，我们可以肯定地说，这两个变量之间的关系是虚假的，它们之所以"相关"，实际上是第三变量作用的结果。但是，当控制住第三变量后，原来两变量之间的关系依然存在时，则原来两个变量之间的因果关系"可能是"真实的。当引入和控制的第三变量的数目不断增多，且都不影响和改变原来两个变量之间的关系性质时，我们对两者间存在因果关系的信心也就不断增大。

以表 9-6 所反映的假定情况为例，社会阶级与对民权运动的支持度相关，相关的方向是工人阶级的民权分数高。有人将此解释为低阶层人员在意识形态上较进步和开放。

表 9-6　社会阶级与对民权运动的支持度

社会阶级	民权分数		人数
	高	低	
中产阶级	37%	63%	120
工人阶级	45%	55%	120

但是，如果考虑到种族因素的影响，将种族变量作为检验变量加以控制后，结果如表 9-7 所示。

表 9-7　社会阶级与对民权运动的支持度（控制种族）

种族		民权分数		人数
		高	低	
黑人组	中产阶级	70%	30%	20
	工人阶级	50%	50%	100
白人组	中产阶级	30%	70%	100
	工人阶级	20%	80%	20

表 9-7 中的数据表明，黑人组与白人组的中产阶级的民权分数均高于工人阶级，这与表 9-6 中的情形恰好相反。这个例子中，种族变量是影响双方的第三方变量，它歪曲了原有的关系。

2. 阐明分析

阐明分析是探讨因果关系的作用方式或作用途径，即当变量 X 与变量 Y 相关时，通过引进并控制第三变量来判明自变量 X 是否"通过"第三变量而对因变量 Y 产生影响。如果我们控制了第三变量，原来两个变量之间的关系消失了，那么我们可以说，这个第三变量是 X 与 Y 之间因果相连的关键环节，即变量 X 是通过第三变量影响变量 Y 的。如果控制第三变量后，原来两个变量之间的关系没有改变，则可以认为 X 并非通过第三变量影响 Y。

3. 条件分析

条件分析所关注的是原关系在不同条件下是否会有所不同。如果我们控制了第三变量，发现原来两个变量之间的关系在各种不同的条件下（即第三变量的各种不同取值中）依然存在，且大体相同，则表示变量 X 与变量 Y 之间的关系具有某种普遍性。反之，如果控制第三变量后，发现在不同的条件下，两者之间的关系不同，那么，则表示变量 X 与变量 Y 之间的关系具有一定的条件性。

二、复相关分析

复相关分析是一种以一个统计值来简化多个自变量与一个因变量之间关系的统计分析方法。它要求所有的变量都是定距以上层次的变量。它的统计值 R 表示多个自变量与一个因变量之间相关的程度，其大小在 0 与 1 之间。复相关系数 R 的平方 R^2 称为决定系数，具有消减误差比例的意义。相关公式为：

$$R_{y,12} = \sqrt{\frac{(r_{y1})^2 + (r_{y2})^2 - 2(r_{y1}r_{y2}r_{12})}{1 - (r_{12})^2}}$$

$$R_{y,12}^2 = \frac{(r_{y1})^2 + (r_{y2})^2 - 2(r_{y1}r_{y2}r_{12})}{1 - (r_{12})^2}$$

其中，$R_{y \cdot 12}$ 表示 x1 与 x2 这两个自变量与因变量 y 之间的复相关系数；$R^2_{y \cdot 12}$ 则表示决定系数。

三、多元回归分析

复相关分析只能帮助我们了解若干个自变量对一个因变量的共同影响，即多个自变量与一个因变量的相关程度，却无法进行因果分析，无法帮助我们用多个自变量来估计或预测一个因变量的数值，特别是无法了解这些自变量中的哪一个对因变量的影响力最大。虽然我们可能会想到直接用各个自变量与因变量之间的积矩相关系数来进行比较，即比较 r_{y1}，r_{y2}，…，r_{yn} 等的大小，但实际上这种做法是有问题的。因为两个变量之间的积矩相关系数是在不考虑其他因素影响的前提下发挥作用的，而在多个自变量对一个因变量的影响中，每一自变量对因变量的影响都可能受到其他自变量的影响，即它们实际的影响力可能与其积矩相关系数有所不同。因此，要解决用多个自变量来估计或预测一个因变量的数值，以及弄清不同的自变量对因变量所实际具有的影响力大小这两个方面的问题，需要采用多元回归分析的方法。

与一元回归分析中的情况相似，多元回归方程的表达式为：

$$y = b_1x_1 + b_2x_2 + \cdots + b_kx_k + a$$

其中的 b 值称为净回归系数，它表示的是在控制了其他自变量以后，某一自变量对因变量的单独效果。比如，b_2 表示的是在控制了自变量 x_1, x_3, x_4, $\cdots$, x_k 以后，自变量 x_2 对因变量的单独影响力。但由于多元回归分析中不同自变量值的衡量单位不同（比如教育年限、人均收入、家庭人口数等），因而其 b 值的大小不能相互比较。为了解决这一问题，常常需要将这些 b 值化为标准值，相应地多元回归方程也转化为标准化回归方程：

$$Y=B_1X_1+B_2X_2+\cdots+B_kX_k$$

其中的 B 值称为标准化净回归系数，也称为 B 系数，它表示各个具体的自变量对因变量影响的大小和方向。通过比较 B 系数，我们就可以了解每一具体的自变量对于因变量的相对效果。并且，复相关 R 系数与 B 系数之间、每一自变量分别决定系数与总的决定系数之间的关系可以用以下公式表示：

$$R_{y,1,2,\cdots,k} = \sqrt{B_1(r_{y1}) + B_2(r_{y2}) + \cdots + B_K(r_{yk})}$$

$$R^2_{y,1,2,\cdots,k} = B_1(r_{y1}) + B_2(r_{y2}) + \cdots + B_K(r_{yk})$$

其中，$B_1(r_{y1})$, $B_2(r_{y2})$, $\cdots$, $B_k(r_{yk})$ 称为分别决定系数，它们表示在全部已解释的方差中，有多少分别是由自变量 x_1, x_2, $\cdots$, x_k 所贡献的，其总和就是总的决定系数。多元回归方程中各种系数的计算都比较复杂，通常用计算机来计算。

在多元回归分析中，需要注意多重共线性的问题，即如果某些自变量相互之间的关系特别强，则在相互控制后它们每一个的效果会变得很弱，而其他自变量的效果会变得较强，在这种情况下来分析各自变量的相对效果就会犯错误。因此，应该十分注意引进的多元方程自变量，特别是不要引进相互之间关系很强的自变量。

多元回归分析要求所有的变量都是定距以上层次的变量。那么，当变量为定序层次时，研究者往往将其近似地看为定距变量，而当变量为定类层次时，则只能采用虚拟变量的方法。

第十章

质性研究方法的内涵、特征与理论支点

20 世纪 70 年代后，一种新的研究范式开始运用于社会科学的研究中。这种研究范式"放弃数字；问问题时搜集的是句子，不是数字；搜集的资料是故事，不是数据；观察记录是笔记式的事件描述……这样的研究即是一般所谓质性研究"（蔡琪，2002；常燕荣，2002）。本章探讨质性研究方法的内涵、特征、功能、理论基础及过程。

第一节　质性研究方法的内涵、特征与功能

一、概念与内涵

"质的研究方法是指以研究者本人为研究工具，在自然情境下，采用多种资料收集方法，对社会现象进行整体性探究，使用归纳法分析资料和形成理论，通过与研究对象互动对其行为和意义构建获得解释性理解的一种行动。"（陈向明，2002）王育民（1989）把定性研究定义为："对研究对象性质的分析，通过对研究对象的变化发展过程及其特征进行深入研究，对研究对象进行历史的、纵深的考察，揭示研究对象的本质和变化发展的规律。"张琢 1998 年主编的《当代中国社会学》认为，"定性研究是运用马克思主义辩证法，注重现状和注重历史研究的综合分析方法"，其研究过程是"运用唯物辩证法"。夏春祥（1997）认为，质性研究"以长期、第一手观察的形式，从近距离观察社会及文化层面的现象运作"。

质性研究是对人（社会）的生活、故事、行为、组织（包括社会、国家）的运作等进行的研究，强调的是经由当事人的经验和角度了解社会现

象，向人们展示了一个观察社会的新视角，有利于破除现存的偏见或刻板印象，有可能挑战既有的、主流的学术理论和观点（勾学玲，2012）。

质性研究的内涵在于：第一，它不是空对空、思辨性的；第二，它也不是以由理论到理论的逻辑推理来建构知识的；第三，它是以文字叙述为材料（Data）、以归纳法（Inductive Approach）为论证步骤、以建构主义为前提的研究方法（熊秉纯，2001）。

质性研究遵循现象学的传统，即"面向事实本身"和"走进生活世界"，提倡研究者对研究情境的参与，与研究对象共情，直面事实，参与过程，兼顾实践或现象形成的过程及结果。质的研究的目的不在于验证研究假设，而是要以研究者在特定期间所搜集到的资料为分析依据，对诸多片段资料予以归纳，发现其关联性。

二、质性研究与定量研究

社会科学研究可以划分为质性研究（即定性研究）、定量研究，以及质性与定量组合的研究。质性研究侧重于用语言文字描述、阐述以及探索事件、现象和问题。定量研究侧重于用数字来描述、阐述以及揭示事件、现象和问题。质性与定量研究方法的组合，则是质性与定量两种方法兼而有之。需要指出的是，在具体问题的研究中，严格地划分研究方法有时是较为困难的。因为定性研究不等于没有数字，而定量研究中也不乏直觉、价值判断和逻辑推理等。如此，质性研究与定量研究在不少情形中往往是你中有我，我中有你（张梦中，2001；Marc Hozer，2001）。

目前，在社会科学研究中，实证性的量化研究一直受到广泛重视，而质性研究却较少开展。陈向明（2002）根据有关文献和自己的研究经验从研究目的、研究内容、研究层面、研究手段、抽样方法、研究假设等方面对量化研究和质性研究的区别做出了系统的总结（见表10-1）。

表 10-1　定量研究与质性研究的区别

项目	定量研究	质性研究
研究的目的	证实普遍情况，预测，寻求共识	解释性理解，寻求复杂性，提出新问题
对知识的定义	情景无涉	由社会文化所建构

续表

项目	定量研究	质性研究
价值与事实	分离	密不可分
研究的内容	事实，原因，影响，凝固的事物，变量	故事，事件，过程，意义，整体性探究
研究的层面	宏观	微观
研究的问题	事先确定	在过程中产生
研究的设计	结构性的，事先确定的，比较具体	灵活的，演变的，比较宽泛
研究的手段	数字，计算，统计分析	语言，图像，描述分析
研究工具	量表，统计软件，问卷，计算机	研究者本人（身份、前设），录音机
抽样方法	随机抽样，样本较大	目的性抽样，样本较小
研究的情境	控制性，暂时性，抽象	自然性，整体性，具体
搜集资料的方法	封闭式问卷，统计表，试验，结构性观察	开放式访谈，参与观察，实物分析
资料的特点	量化的资料，可操作的变量，统计数据	描述性资料，实地笔记，当事人引言等
分析框架	事先设定，加以验证	逐步形成
分析方法	演绎法，量化分析，收集资料之后	归纳法，寻找概念和主题，贯穿全过程
研究结论	概括性，普适性	独特性，地域性
研究的解释	文化的客位，主客体对立	文化的主位，互为主体
理论假设	在研究之前产生	在研究之后产生
理论来源	自上而下	自下而上
理论类型	大理论，普遍性规范理论	扎根理论，解释性理论，观点，看法
成文方式	抽象，概括，客观	描述为主，研究者的个人反省
作品评价	简洁，明快	杂乱，深描，多重声音
效度	固定的检测方法，证实	相关关系、证伪，可信，严谨
信度	可以重复	不能重复
推广度	可控制、可推广到抽样总体	认同推广，理论推广，积累推广
伦理问题	不受重视	非常重视
研究者	客观的权威	反思的自我，互动的个体
研究者所受训练	理论的，定量统计的	人文的，人类学的，拼接和多面手的
研究者心态	明确	不确定，含糊，多样性

续表

项目	定量研究	质性研究
研究关系	相对分离，研究者独立于研究对象	密切接触，相互影响，变化，共情，信任
研究阶段	分明，事先设定	演化，变化，重叠交叉

资料来源：陈向明. 质的研究方法与社会科学研究［M］. 北京：教育科学出版社，2002.

　　质性研究通过研究者和被研究者之间的互动，对研究对象进行长期深入细致的考察，通过研究者与被研究者面对面的接触，对事物产生比较整体性的、解释性的理解。定量研究，也被称为量化研究，或者量的研究，是通过对社会现象的测量和分析，以验证研究者自己的理论假设的研究方法。它有一整套完备的操作技术，包括资料收集方法、数字统计方法等。由此可见，两者具有明显的不同，质性研究强调的是一种"情境中"的研究，而量化研究是用数字说话，它们各自具有自己的优势和弱点，两者不是相互排斥的，而是互补的。总之，质性研究采用的是一个不同于过去的研究步骤，质性研究者通常不预设理论或假设，其研究发现是来自田野工作的经验及资料，资料经过归纳分析而形成主题，并解释社会现象。这与我们平常做课题、写文章不一样，不是将搜集来的材料套入既有框架，因此，质性研究是一种新的研究范式，它超越了定量研究演绎式的研究步骤和思辨性论证的老路子（勾学玲，2012）。

　　质性研究不同于定量研究，它采取从具体到抽象的归纳法，通过与被研究者的互动了解社会。一项研究方法的选用，往往取决于研究者到底想要发现什么，如果纯粹就方法而言，质性与定量研究在技术方面并没有高低之分，而是仅有适不适合的问题。因此，我们在进行研究时，对这两种研究范式不可做非此即彼的选择，而是要具体问题具体分析，选择最适合的或者是综合运用（勾学玲，2012）。

三、质性研究方法的特点

　　质性研究不像实证研究范式那样，有一整套标准的、规范化的研究程序，而是具有自身显著的特质，更多的是弹性的、反思的、参与的、动态的。它应用于各个学科，不同的学科对其有不同的认识，但对其形成了三个共识：多重方法（Multimethods）、自然的（Naturalistic）和解释的（Interpretative）（勾学玲，2012）。概括而言，质性研究方法具有如下特点（勾学玲，2012）：

（1）注重研究对象视角。研究者亲自体验（参与观察）并记录自然情境中的行为，与被研究者互动，即立足研究对象的视角看待社会。

（2）注重事件的场景浸入。质性研究非常重视所研究的事件或现象形成的过程及结果，对事件进行全面系统的了解和掌握，将事件放在其发生场景中去看，将情景描述和场景描述纳入研究中。

（3）注重挖掘和展示事件背后的价值关系和发生逻辑。质性研究重视被研究者的生活经历和意义解释，力图揭示现象背后的价值关系。

（4）注重采用开放或非结构方式收集多样化的描述性资料。质性研究不像定量研究那样通过调查问卷收集资料，而是通过无结构式或开放式访谈提纲收集资料，或通过现场发现文本资料、发掘音视频图片等方式收集资料。

（5）质性研究通常不预设理论和假设，它的研究发现是来自田野工作的经验与资料。资料经分析归纳而形成概念，然后再形成主题。

（6）准备时间短，调查时间长。准备阶段的主要任务是选择调查单位，研究者必须说明选择该研究单位的目的和意义。

（7）资料收集注重循环反复、螺旋上升式的提升过程。资料收集是一个"观察—发现—再观察—再发现"的过程，直到资料收集达到饱和状态。

（8）资料收集与资料分析紧密结合。在资料收集过程中，需要不断地思索、分析和总结已经开始的资料分析，两者同时进行。

四、质性研究方法的功能

质性研究和定量研究一直是国内重点讨论的两大类研究方法，但质性研究直到最近才逐渐展开（熊秉纯，2001）。在社会科学研究中，量化的实证研究有利于我们从宏观层面了解和掌握研究对象的总体情况、研究对象的行为和看法以及相关影响因素，但仍存在如下缺陷：①量化的实证研究以问卷调查的方式进行，由于问卷选项设计的局限性比较强，因而选项容易主导研究对象的思维；②数据分析过于简单，仅以数字说明研究对象的相关背景状况、行为、态度及影响因素不够深入，无法充分了解研究对象的真实内容和状况，也无法深入挖掘影响研究对象行为和态度的具体原因；③在许多开放式回答的问题上无法获取有效信息，研究对象的真实想法和主观感受可能会被过滤掉（温馨，2014），如定量研究常用"非常不满意、不满意、还算满意、满意、非常满意"之类的量表和"1~5"的数据来说明问题，但是"不满意""还算满意"到底代表什么意思，"非常不满意"和"不满意""还算满意"和"满意"之间的区别到底有多大，张三的"非常满意"和李四的"不满意"代表的会不会是一样的情绪，你的"还算满意"和我的"还算满意"是否可能指的是两码事，也就是说，这些数据、量表其实并没有准确地说明研究者要说明的社会现象、人生经验。这些表面上看是操作和技术层面的问题，实际上则代表着用数据描写社会现象、个人经验的局限性（熊秉纯，2001）。因此，质性研究在社会科学研究中显得十分重要而独特，非常有必要引入日常社会科学研究领域中。其具有如下功能：

首先，以小样本做深入分析，可专注于研究对象、相对节省研究成本和切实提高研究质量。质性研究允许使用较小数量的样本，有利于研究者集中精力对少数研究对象进行深入的调查，从而更加深入地了解其复杂的内心主观感受，以及对某事件的看法和解释。

其次，通过现场文本的搜集和分析，展现社会科学研究对象有关事件之间的结构与意义秩序，构建一种形象生动的景观。现场文本一般包括对研究对象或相关事件的访谈文本，研究者与研究对象的日常非正式谈话、网上聊天记录以及各种录像制品，收集和研究这些资料，可情境再现，为做系统深入的分析提供资源储备。

再次，以研究对象为本，通过深入挖掘有关研究对象的直接和间接的信息来完整再现和系统揭示事物现象的本质和内涵。质性研究十分重视当事人看问题的视角，可以帮助研究者从研究对象主体的角度深入了解和掌握其直接和间接信息，以及研究对象主体行为和感受的意义，从而揭示社会事件和现象的本质和内在意义。

最后，质性研究的结论为深刻认识人文社会和经济社会现象提供了理论认识基础。质性研究的贡献在于经过系统分析提供某种理论阐释，可为研究者深刻认识和理解人文社会和经济社会现象的发生机理提供理论基础。

第二节　质性研究方法的理论支点

社会科学家采用不同的方式定义理论，霍曼斯（Homans）提出了一个流行的定义，并由丹森（1989）进行了阐释："理论是指一组命题，这些命题按照有序的方式相互联系，如可以从其他的命题推断出一些命题，就是经过深思熟虑发展出对某一现象能够被认同的解释。"理论的最终目的就是发展出人类行为和社会功能的一般法则（Corrine Glesne，2013）。质性研究包含多种哲学基础和方法论，即不同理论取向的质性研究有着不同的方法步骤。因此，认识质性研究方法的理论背景或理论支点及其指导下的质性研究，对于深入开展质性研究无疑具有极大的帮助。

质性研究因其自身的特点，与量的研究具有十分不同的理论范式。一般认为，质性研究主要基于"另类范式"（Alternative Paradigms），即后实证主义、批判理论和建构主义（Denzin & Lincoln，1994）。这三类范式是对科学理性主义的一种反动，提出研究探究的过程是一个知者和被知者相互参与的过程，知者本人看问题的角度和方式、探究时的自然情境、知者与被知者之间的关系等都会影响研究的进程和结果（陈向明，2014）。

一、后实证主义理论取向的质性研究

简单地说，后实证主义是一种"批判的现实主义"。它认为，客观实体是存在的，但是其真实性不可能被穷尽。客观真理虽然存在，但是不可能被人们所证实。它就像一个被遮蔽在云雾中的山顶，一个人到达此处时，由于看不清周围的景物，无法轻易地确定自己是否已经站在山顶（Popper，1968）。我们所了解的"真实"永远只是客观实体的一部分或一种表现，所谓"研究"就是通过一系列细致、严谨的手段和方法对不尽精确的表象进行"证伪"而逐步接近客观真实。根据波普尔（1986）的观点，证实与证伪的关系是不对称的，不论多少次证实都可以被一次证伪所推翻：只要找来一只黑天鹅，就可以推翻"凡天鹅都是白色的"这样一个被多次反复证实的"真理"。因此，我们无法通过对经验的归纳来证明某种理论，而只能对理论进行证伪。理性批判是知识增长的唯一途径，必须通过不断的"猜想与反驳"，才可能逐步接近真理（陈向明，2014）。

后实证主义可以分为"唯物的后实证主义"和"唯心的后实证主义"。前者认为事物是客观存在，不以人的主观意识而有所改变，由于目前人的认识能力有限，因此不可能认识其真实面貌。持这种看法的人一般采取"文化客位"的路线，从自己事先设定的假设出发，通过量或质的方法进行研究。后者认为客观事实（特别是被研究者的意义建构）客观地存在于被研究者那里，如果采取"文化主位"的方法便能找到客观事实。他们大都采用质的方法，到实地自然情境下了解被研究者的观点和思维方式，然后在原始资料的基础上建立"扎根理论"（陈向明，2014）。

二、建构主义理论取向的质性研究

在伊贡·古帕（Egon Guba）及伊冯娜·林肯（YVonna Lincoln）的努力下，建构主义理论范式的质性研究逐渐为社会科学界认识和接受。其所主张的建构主义理论不涉及特定的哲学理论，而是一种综合自然论、解释论及诠释论的理论。他们提出建构主义理论质性研究范式的主要目的是取代传统强调客观、理性及经验主义的实证科学研究范式。建构主义质性研究范式强调没有一种知识是永恒的真理，知识是需要被质疑、被反驳的，而真理也只有局限于特定对象或特定文化脉络中才有意义（Lincoln，1990）。建构主义理论主张人类日常生活的现象是个人主观意念建构的产物，对于经验意义的建构，完全取决于行动主体的主观经验和知觉，因此，社会现象的本质绝对不是如实证主义所主张的，只是一种真实世界的"再现经验"，意义的建构过程已经隐含着多重建构的结果，这种观点被称为"相对实在论"（朱柔若，2000）。

对建构主义理论研究范式而言，研究者主要的目的不是找出日常生活中各种现象或行动的真实本质，而是说明与诠释这些经验与行动是如何被建构的。这种意义的建构过程主要是通过研究者与研究对象不断的对话与辩证来达成。其中，每个人对世界和自我的认知和理解，都是在符号及诠释中进行的（范向明，2014）。诠释对建构主义理论研究范式而言，正如研究者通过呈现符号或对现象进行深描，勾勒出人类日常生活世界的图像与画面，并将行动转化为读者能够理解的形式。那么，何谓"建构"，主要包括以下特质：①尝试对生活经验加以诠释或理解；②建构取决于建构者本身所获得的讯息；③建构为一种广泛分享并达到共识的经验；④建构必须有其意义，但这些意义可能是简单且不完整的；⑤建构内涵具有适合性，即只有对此特定范式才有意义，无法由其他范式加以衡量；⑥建构经常会面临挑战与修正，具有动态性（Schwandt，1998）。当建构者觉察到新讯息与旧有建构有明显冲突时，建构者就会修正原来的建构架构（范明林等，2018）。

建构主义理论研究范式融合了现象学、诠释学等理论观点，不过其对人类日常生活之经验与行动的诠释立场，与现象学、诠释学却有很大差距（范明林等，2018）。诠释学认为日常生活世界在每个个体出生之前就已经存在，在个体死后亦会继续存在，所以每个人都是根据与他人的互动经验所创造出来的意义体系来诠释或理解目前的现象或行动的意义。诠释学认为人类无法通过直接的方式来认识日常生活世界，必须要通过已知的生活或意义架构赋予目前的生活经验或行动一定的意义。此种诠释行动或经验的方法又称为"类比分析"，是指对研究现象已存在的现象进行对照、分类与比较分析，用既有的知识架构或常识来理解新的社会现象与行动，并赋予一定意义（廖世德，2001）。相反，现象学主张研究者在研究过程中放弃既有的知识架构或常识，直接以社会互动脉络所创造的行为的意义，来诠释日常生活现象与行动的意义（Schwandt，1998）。

建构主义理论对质性研究的贡献在于，它专注于说明与诠释生活经验与行动是如何被建构的，通过已知的生活或意义建构赋予目前的生活经验或行动一定的意义。

三、批判理论取向的质性研究

批判理论研究范式为质性研究开启了宏观之窗。对建构主义研究者而言，研究过程是一种自我验证的再现，但是对批判理论研究者而言，研究不仅仅是一种日常生活经验的再现，同时也是社会主流意识的展现。所以，批判理论研究范式又被称为"意识形态导向的研究"（范明林等，2018）。科学哲学所指的"批判"包含两层意义：一是指对科学哲学方法的内在批判，二是指对社会现象本质的逻辑思维的怀疑。就研究的观点而言，批判意味着研究者必须将研究话题导向社会中不正义的社会事实，并通过研究过程，解放压迫意识与达到改革的途径，这其实就是一种赋权的过程（范明林等，2018）。

批判理论研究范式是由许多理论观点所建构的研究范式，这些理论包括新马克思主义、赋权理论等。新马克思主义重视资本主义中被压迫的社会成员的生活经验，研究者希望凭借研究过程唤醒弱势群体的意识，其诉求的目标是，由意识觉醒发展出集体的行动，以改善不利的社会处境或挑战既有的权力、制度结构等（范明林等，2018）。赋权理论为我们面对压迫时解决有关社会正义、人类优势和适应等议题提供了理论基础，它不仅促进了人们对现实生活条件的认识，也推动了人们行为的改变。赋权理论不会指责受害者没有能力去获取资源和权力，相反，它关注到人们因为社会不公、歧视和压迫使自己的需要无法得到满足，遭遇失败。所以赋权的目标，在于通过削弱影响个体决定权、行动权的社会性或个别性障碍，增强个体运用权力的能力与自信，或者以在环境中向个体注入一定的权力等方式，去帮助人们获得对自己生活的决定权和行动权，从而实现个人的抱负和幸福。赋权理论的核心概念有赋权（Empowerment）、权力（Power）、无权（Powerlessness）和社会分层（Stratification）。赋权（或译为增权），是指个人或团体获得权力、资源和掌握自己生活的过程。赋权理论不仅注重赋权的过程，而且也关注不断为被剥夺权利的个人或团体创造更多的机会去获得权力和资源。权力，是指一种控制资源和他人的能力。无权，是指人们管理情绪，掌握知识、技能和资源能力的丧失。社会分层，是指由于社会中的群体所掌握的权力不同，所以不同群体位于不同的等级位置。赋权理论认为，正是因为社会分层和等级制度的存在才导致社会中一些个体或团体没有机会获得权力、资源和掌握自己的命运。社会分层、压迫和不平等是赋权理论的社会政治背景。正是社会存在不同的阶层，人们获得权力和资源的水平才不同。正是基于性别、年龄、种族、宗教、性取向等方面的不同，社会中到处可见的妇女、少数民族、男女同性恋者和其他弱势群体被压迫，面临歧视和不公平对待等困境。因此，用赋权理论分析、理解如何帮助无权弱势群体消除压迫、不平等、不公正等社会现象显得十分必要且富有现实意义。

值得注意的是，批判理论取向的质性研究并不是指研究者运用某一个固定理论进行研究，而是研究者尝试让自己成为社会或文化的批判主义者，通过研究的路径来达到改造社会的目标。以批判理论为取向的质性研究，在整个研究过程中基本上都会坚持以下主要假设：一是人类所有的思想与意识都是一种权力关系的展现，而权力关系都是社会与文化共同建构的产物；二是社会事实永远摆脱不了社会主流价值与意识形态的作用，所以，权力关系是一种不稳定、不确定的现象；三是语言可以说是个人意识等主体的核心；四是当代社会中往往存在一些优势团体，这些优势团体往往会对其他团体进行压迫剥削；五是主流研究取向往往复制了这种优势压迫弱势的观念（潘淑满，2005）。在上述假设的指导下，批判理论取向的质性研究主张研究是帮助被压迫的群体达到意识觉醒，最后通过集体行动来达到改变社会的目的。此外，批判理论取向的质性研究重视研究者与研究对象的对话，通过主动对话达到意识觉醒，最后作为社会改革的源泉。研究者唯有通过研究过程与研究对象对话，才能扭转被研究者在历史文化社会脉络下产生的错位认识，进而从被压抑的思想与被压迫的经验中获得解放，最终达到社会改革或社会变迁的目标（范明林等，2018）。

总体而言，一个积极和有效的理论应该是重视历史、能够自我反省和具有批判精神的理论，唯有如此，才能深刻认识社会现象的本质，批判理论取向的质性研究的贡献就在于此。

四、质性研究中理论运用的反思

从总体上看，质性研究的理论范式主要是在本体论、认识论和方法论三个方面对一些重要的问题进行探讨。在本体论层面，它们要回答的是"真实性"问题："现实的形式和本质是什么？事物到底是什么样子？它们是如何运作的？"在认识论层面，这些理论范式探询的是"研究者与被研究对象之间的关系"问题，即"研究者是如何认识被研究对象的"，而对这个问题的回答受到前面本体论方面的制约，即"研究者和被研究对象之间相对分离的关系是否存在"。从方法论的角度看，这些范式需要解决的问题是："研究者是通过什么方法发现那些他们认为是可以被发现的事物的"，而对这一问题的探讨又受到前面本体论和认识论两个方面的制约，因为不同范式在这些方面的不同会导致对方法的不同看法和处理方式（陈向明，2014）。

在质性研究过程中，研究者相信什么是理论和如何去创设理论，会直接影响对研究方法的选择和研究设计的建构。研究者在研究中既外显又内隐地运用着理论。研究者的理论视角（如批判理论、行为主义、自由主义等）和价值观经常隐性地影响研究主题的选择、针对主题而提出的问题以及描述研究者研究发现的方法。它不断要求研究者去反思和揭示隐藏在被研究者、读者甚至研究者观念中的传统理论倾向。

无论是高抽象还是低抽象水平的指导性理论，都能在许多方面帮助研究者进行研究设计，但是这些理论在帮助研究者解释一些事情的同时，也会产生一些负面的影响。从好的方面看，这些理论会限制你；从坏的方面看，它们会误导你。正如 Schram（2006）所陈述的："利用一个建构完备的理论来发展你的研究，可能会为你的研究建立一个简洁的、满意的框架，但是也可能由于这一理论的成熟而关闭一些意义寻求的途径，还阻碍了对与这个理论不相适合的事件和关系的发现。"解决这些问题的方法有两种：一种是使用几种不同的理论作为研究的框架；另一种是寻求研究者所选择的指导性理论和这一理论在研究中所不能解释的内容之间的空隙，增加一些主流理论中的新命题，或指出主流的自相矛盾和不足之处。Miu 和 Bettis（2006）宣称，如果研究者不断地寻求可以替代的解释，且寻求到的解释与我们的预期和理论相矛盾，就"能推动我们去分析并超越我们的理论框架所能提供给我们的更高水平的阶段"（Corrine Glesne，2013）。

简而言之，理论有时候是事实的最新版本，也是质性研究中使用的各种方法。典型的质性研究不是外显地被理论所驱动，而是置于某一理论视角中。研究者经常使用实证研究概括和正式提出理论，使他的研究能适合更大的思想轮廓，并在资料收集的最初阶段形成最初的问题和研究假设。后来，当研究者聚焦于资料分析时，他们经常寻求其他的理论，这些理论能帮助他们从不同的视角来检验这些资料。研究者的工作可能会也可能不会形成扎根在资料中的理论（Corrine Glesne，2013）。

五、质性研究的过程

质性研究过程是资料收集和分析的结合，研究是否成功很大程度上不取决于事先的设计是否严密，而是实地调查是否有效。研究者一般不带着假设进入现场，而是在收集资料过程中发现问题，再进一步进行资料收集。

质性研究应该尽量做到客观、自然地反映事实，使研究内涵更为丰富，因此，要注意研究的程序，其研究程序大致包括：①研究者进入现场，建立研究角色；②确定什么是有效资料及有效收集资料的方法；③保持研究者的价值中立，收集客观的资料；④分析资料和得出结论。

质性研究是研究者自然而然地进入现场，实地考察被研究者的日常生活状态和过程，通过与被研究者直接接触，长期交往，进而融入其中，了解被研究者所处的环境，客观反映环境对他们产生的影响，目的是从被研究者的角度来了解他们的行为及其意义。因此，质性研究的结果具有一定的局限性，它只适用于特定的情境，不能推广到样本之外。应该指出的是，研究者在整个考察过程中，必须事先获得被研究者的同意，与他们建立良好的信任关系，严格保密他们所提供的信息，这样才有利于研究的顺利开展（勾学玲，2014）。

第十一章

质性资料收集方法与技巧

质性资料收集是质性分析的前提和基础。俗话说，"巧妇难为无米之炊"，质性研究只有收集到大量的、合适的资料才能进入分析研究以及撰写研究报告的阶段。同时，只有采取适当的、合理的方法才可能收集到质性研究所需的资料并进行相应的资料分析。

一般意义上的"资料"即指可供参考并作为依据的材料、素材，多指查到某样东西所需要的素材。比如，研究者需要一张图片作为相册的封面，这张图片就是研究者所要找的"资料"。质性研究中的"资料"与其他类型研究（如定量研究）中的资料有所不同，定义比较宽泛。一条基本的原则是：只要这些"材料或素材"可以为研究的目的服务，可以用来回答研究的问题，就可以作为研究的"资料"。质性研究是特定研究者以某种自己选择的方式将世界"打碎"，根据自己的需要从中挑选一些自己喜欢的"碎片"，然后将它们以某种特定的方式"拼凑"起来，展示给世人看的一种活动方式。所以，现实世界中的研究者都可以找到的"碎片"，不论它们是如何的"不规范""不科学"，只要它们"有用"，都可以被作为研究的"资料"。其实，资料本身无所谓"规范"和"不规范"，衡量资料是否"规范"的主要标准是研究者使用这些资料的方式，即研究者是如何收集和分析这些资料的？这些资料被拿来做什么？这些资料与研究的问题和研究的目的是否匹配？

质性研究收集资料的方法十分丰富，如访谈、观察、实物分析、口述史、叙事分析、回顾等，其中最常用的是前三种，因此，本章着重介绍前三种资料收集方法。选择收集资料的方法在很大程度上取决于研究的问题、目的、情境和有可能获得的资源，即在特定的时空环境下使用这些方法是否可以收集到回答研究问题所需的资料。例如，如果研究的问题涉及小学教师如何看待自己的教学工作，那么就应该以访谈法作为收集资料的主要手段；如果研究的问题有关这些教师的课堂教学风格，那么就应该主要使用观察法来收集资料，同时辅助以访谈；而如果研究的目的是了解某些小学生写毛笔字时容易出现的书写错误，那么就应该以分析他们的毛笔字练习本为收集资料的主要方法。

　　研究者无论选择何种类型的方法收集资料，都应该在研究设计中阐明为什么要选择该种方法，它们与研究的其他部分是何种关系，自己打算如何运用该种资料收集方法。

第一节　访谈法

　　如果研究者选择的是访谈法进行资料收集，那么就应该讨论其对本研究的具体作用，如了解当事人的想法和意义建构、回忆过去发生的事情，与从观察中获得的资料进行相互验证等。同时，我们应该说明自己对访谈的具体打算，如访谈的具体方式、时间、地点、人数、次数、是否打算录音或录像、如果对方不同意录音或录像打算怎么办等。质性研究在设计时应拟定一份访谈提纲，将其附在设计的附件部分。访谈提纲是研究问题具体化的一种表现，一般只提出大纲性的问题（包括主要的访谈问题和需要进一步追问的问题）。访谈问题不同于研究问题，后者表示的是研究者希望通过研究而获得答案的问题，而前者是为了获得后者的答案而用来询问被访者的问题。因此，访谈的问题应该尽量真实、具体、形象、多样，力求自然、生动地从不同角度向被访者探询有关情况。如果研究者预测在访谈中需要就一些问题进行追问，可以在访谈提纲中将这些追问的部分列出来。访谈提纲的形式应该比较灵活，允许访谈者根据访谈的具体情况进行修改和即兴创造。

一、访谈的类型

　　访谈就是研究者"寻访""访问"被研究者并与其"交谈"或向其"询问"的一种活动。"访谈"是一种研究性交谈，是研究者通过口头谈话的方式从被研究者那里收集（或者说"建构"）第一手资料的一种研究方法。访谈法收集信息资料是通过研究者与被调查对象面对面的直接交谈实现的，具有较好的灵活性和适应性。根据不同的角度，访谈有多种分类。

按研究者与被研究者双方举行访谈的场合和会谈的正式程度，访谈可以分为正式的和非正式的访谈。

根据受访者的人数，访谈可以分为个别访谈和团体访谈（即集体访谈，研究者对一群人进行访谈，通过群体成员相互之间的互动对研究的问题进行探讨）。个别访谈即逐一采访询问，通常只有一名访谈者和一名受访者，两者就研究的问题进行交谈；团体访谈一般由 1~3 名访谈者和 6~10 名参与者组成，可以开小型座谈会，进行团体访谈（访谈者主要协调谈话的方向和节奏，参与者相互间就研究主题进行交流和讨论）。"焦点团体访谈"是一种较常见的团体访谈形式，在这种访谈中，访谈的问题通常集中在一个焦点上，研究者组织一群参与者就这个焦点进行讨论。在访谈过程中，尽管谈话者和听话者的角色经常在交换，但归根到底访员是听话者，受访人是谈话者。在质性研究中，个别访谈和团体访谈可以结合起来使用，访谈虽然以一人对一人为主，但也可以在集体中进行。

根据访谈进程的标准化程度，可将访谈分为结构型访谈和非结构型访谈。前者的特点是按定向的标准程序进行，通常是采用问卷或调查表；后者指没有定向标准化程序的自由交谈。

依据研究者对访谈结构的控制程度，访谈可以分成三种类型：封闭型访谈（即结构型访谈）、开放型访谈（即无结构型访谈）、半开放型访谈（即半结构型访谈）。在封闭型访谈中，研究者对访谈的走向和步骤起主导作用，按照自己事先设计好的、具有固定结构的统一问卷进行访谈。开放型访谈没有固定的访谈问题，研究者鼓励受访者用自己的语言发表自己的看法。这种访谈的目的是了解受访者自己认为重要的问题、看待问题的角度、对意义的解释，以及他们使用的概念及其表述方式。在半开放型访谈中，研究者对访谈的结构具有一定的控制作用，但同时也允许受访者积极参与。通常，研究者事先备有一个粗框架式的访谈提纲，根据自己的研究设计对受访者提出问题。但是，访谈提纲主要作为一种提示，访谈者在提问的同时鼓励受访者提出自己的问题，并根据访谈的具体情况灵活调整访谈的程序和内容。一般而言，定量研究较常使用封闭型即结构型访谈法，以便收集统一的数据并建立数据库，然后对数据进行统计分析；质性研究在研究初期阶段较常使用开放型即无结构型访谈形式，随着研究的深入，逐步转向半开放型访谈，主要对之前出现的重要问题及存在的疑问刨根问底。

二、访谈法的一般步骤与技巧

访谈开始前，研究者要做一些必要的准备工作，通常包括：抽取访谈对象；确定访谈时间和地点（应尽量以受访者的方便为主）；建立访谈关系（研究者需尽快取得受访者的信任，建立良好的、轻松的、有利于彼此互信交流的关系。如介绍本人和研究的课题，就语言使用、交流规则、自愿原则、保密情况和是否录音等问题与受访者进行商谈）；设计访谈提纲，这个访谈提纲应该是粗线条的，列出访谈者认为在访谈中应该了解的主要问题和应该覆盖的内容范围。访谈问题与研究问题不一样，后者是从研究的现象中提炼出来的、研究者尚有疑问的问题，而前者是为了回答后者而设计的问题。因此，访谈问题应该明白易懂、简要具体、具有可操作性。访谈提纲应该尽可能简洁明了，最好只有一页纸，可以一眼就全部看到。

访谈开始后，一般需按如下程序进行：一是恰当进行提问；二是准确捕捉信息，及时收集有关资料；三是适当地做出回应；四是及时做好访谈记录，一般还要录音或录像。如果可能的话，访谈者应该对访谈进行现场录音或录像。如果条件不允许的话，访谈者应该对访谈内容进行详细的笔录。现场笔录可以分为内容型记录、观察型记录、方法型记录和内省型记录。"内容型记录"记的是受访者在访谈中所说的内容，这种记录在无法录音的情况下尤其重要。"观察型记录"记的是访谈者看到的东西，如访谈的场地和周围的环境、受访者的衣着和神情等。"方法型记录"记的是访谈者自己使用的方法以及这些方法对受访者、访谈过程和结果所产生的影响。"内省型记录"记的是访谈者个人因素对访谈的影响，如性别、年龄、职业、相貌、衣着、言谈举止、态度等。

访谈法收集资料的主要形式是"倾听"。"倾听"可以在不同的层面上进行：一是在态度层面上，访谈者应该是"积极关注地听"，而不应该是"表面地或消极地听"；二是在情感层面上，访谈者要"有感情地听"和"共情地听"，避免"无感情地听"；三是在认知层面上，要随时将受访者所说的话或信息迅速纳入自己的认知结构中加以理解和同化，必要时还要与对方进行对话，与对方平等交流，共同建构新的认识和意义。

访谈结束之后，研究者可以请受访者简单总结一下自己的看法，或者补充自己的想法和意见；研究者应该向受访者再次强调保密原则，同时向受访者表达谢意，感谢他们为自己的研究付出的宝贵时间、精力及对自己的信任。如果研究经费充足、条件允许的话，为更好地表达研究者的感激之情，还可以向受访者赠送小礼品（如笔、笔记本、书签、明信片等）。

第二节　观察法

观察法（Observational Method）是依据特定的原则，使用科学的方法对社会行为进行客观、准确的观察，其特点是研究者在不进行任何干预的情况下，客观观察并记录事实。要收集到需要的资料和达到良好的研究结果，研究者应该有明确的目标和要求，设计清楚的观察程序并做好观察记录。观察和记录的方法很多，除了早期常用的笔记，现代的录音、录像技术也已得到广泛应用。研究者若选择将观察作为收集资料的手段，需要明确选择这种方法的理由，如可以直接看到和听到被研究者的行为和自然语言，可以通过与对方的自然互动了解对方的行为反应等。当然，研究者还需要探讨具体观察的细节，如观察的地点、时间、场合、对象、具体内容、记录方式等。像访谈一样，观察也需要设计一个初步的提纲，对计划观察的内容进行一个大致的勾勒。

一、观察的类型

根据观察者是否参与观察的活动，可以将观察法分为一般观察法和参与观察法。一般观察法也称自然观察法，是指研究者在不进行任何干预的情况下进行观察并记录研究内容，观察者不参与所观察的行为。参与观察法与一般观察法的不同之处在于：研究者首先要参与到正在观察的行为中，然后客观观察并详细记录正在参与的社会行为。在早期一些关于特定群体的参与观察中，研究者通常都作为一员参与群体活动，并对该群体及其成员的行为进行观察与记录。此时，如果群体其他成员知道他们的行为正在被观察和记录，就是公开参与观察法；如果其他成员不知道他们的行为正在被观察和记录，就是隐蔽参与观察法。通常情况下，隐蔽参与观察更容易获得有关群体成员活动的真实资料。但是，一方面真正隐蔽不容易做到，另一方面隐蔽观察还会遭遇研究伦理的潜在困境，所以需要谨慎使用隐蔽参与观察法。

显而易见，观察法的优点在于其具有现实性和客观性，主要研究现实生活条件下有关人群活动和社会行为发生的过程，没有人为干预的场景，通过长期、真实、客观的记录能够得到有关人群活动和社会行为发生顺序和发展过程的资料。

二、观察法的一般步骤与技巧

质性研究中的观察一般包括如下步骤：确定观察的问题、制定观察计划、设计观察提纲、进入研究现场进行观察活动、记录观察资料、整理和分析观察资料、检验研究结果、撰写研究报告等。虽然这些阶段可以相对独立出来，但是在实际操作中各个阶段之间的分界并不十分清楚。由于质性研究本身具有循环往返的特性，观察中的不同阶段实际上都在以螺旋上升的方式往前发展，所以各个阶段之间又有不同程度的交叉与融合。

（1）确定观察的问题。即研究者在确定"研究的问题"并决定选择使用观察的方法后，根据观察的需要而设计的、需要通过观察活动来回答的问题。

（2）制定观察计划。这个计划一般包括待观察的内容、对象、范围；选择观察的地点；观察的时刻、时间长度和次数；观察的方式和手段；如何保障观察的效度；如何处理和避免因观察带来的伦理道德问题。

（3）设计观察提纲。观察提纲应遵循可观察原则和相关性原则，列出那些可以观察得到的、对回答观察问题具有实质意义的事情。我们可以先确定自己希望观察的具体内容，然后对这些内容进行分类，分别列入观察提纲。通常，观察提纲至少应该回答观察谁、观察什么、所观察行为或事件何时发生、何地发生、如何发生、发生的原因六个方面的问题。研究者应根据实际情况，因地制宜对提纲进行修改。

（4）进行观察。观察一般是从开放到集中，先进行全方位的观察，然后逐步聚焦。无论是开放还是集中，研究者均需要面临如何与被观察者互动以及如何选择观察内容的问题。在观察初期，研究者可采用开放的方式，持开放的心态对研究的现场进行全方位的、整体的、感受性的观察。研究者应当用自身所有的感觉器官去感知、感受、体会现场所发生的一切，并尽可能全面描述、记录下所有看到的、听到的、体悟到的东西。当研究者对观察的现场有了一定的感性认识，明确了需回答的观察问题后，观察行为便可以进入聚焦阶段了。聚焦的程度取决于研究的问题、具体的观察对象以及研究的情景等因素。如果观察的问题是"晚上广场里跳舞的人们相互之间是如何认识的"，那么观察的焦点最终必须落实到跳舞的人们相互交谈的具体内容上面。如果观察的问题是"晚上广场里跳舞的人们是如何邀请对方跳舞的"，那么观察的焦点要落到人们相互邀请对方跳舞的动作上就可以了。在观察的过程中，研究者应该尽量自然地将自己融入到当地的文化，被访者的生活、工作中。研究者在观察中应该有意识地采取一些策略，如与当地人在一起生活，与他们一起做事，保持谦逊友好的态度，不公开表示自己与当地人不一致的意见，观察活动尽可能与当地人的日常生活相一致等。在可能采取的种种策略中，回应式反应（Reactive）是一个十分有效的互动方式，即对当地人发起的行为做出相应的反应，而不是自己采取主动的（Active）行动。无论是观察的早期、中期还是晚期，研究者都需要对观察内容进行选择。研究者应该经常问自己："我到底打算观察什么？什么内容对我比较重要？我观察的内容应该宽泛到什么程度，应该具体、细致到什么程度？"显然，我们需要对观察的事物进行选择，而且应该是有意识的选择。任何时候，研究者都必须牢记自己的研究问题。问题明了，才能确定观察的重点，然后才能对所看到的事情进行选择。

（5）记录观察资料。观察时，研究者除了可以使用自己的眼睛、耳朵、鼻子等知觉器官以及其他仪器设备（如录音机、录像机等）记录，还可以使用笔对观察的内容进行记录。观察记录有很多不同的方式，我们可以根据自己的习惯，观察的问题，观察的内容、地点、时间以及使用的工具进行选择。对观察内容进行记录要求按时序进行，所记的事情之间要有连续性、一个事情一个事情地记录，不要对所有事情做一个整体性的总结。这样做，一方面可以保持事件发生时的时序和情景，有利于分析时查找；另一方面保留了事件大量的细节，便于日后为建构理论提供具体的素材。

第三节 实物分析法

"实物"包括所有与研究问题有关的文字、图片、音像、物品等，可以是人工制作的东西，也可以是经过人工加工的自然物。这些资料可以是历史文献（如传记、史料），也可以是现时的记录（如信笺、作息时间表、学生作业等）；可以是文字资料（如文件、教科书、学生成绩单、课表、日记），也可以是影像资料（如照片、录像、电影、广告）；可以是平面的资料（如书面材料），也可以是立体的物品（如陶器、植物、路标等）。如果我们选择实物分析作为收集资料的方式，也要在设计中介绍为什么采用这种方法、计划收集什么实物、打算如何对这些实物进行整理。在质的研究中，实物分析通常与其他方法一起使用，因此在设计时研究者还需要讨论实物分析与其他方法之间的关系，比如：实物分析与其他方法相比有什么特点和长处？不同的方法在收集资料方面各自能起什么作用？它们可以如何相互补充、相得益彰？

一、实物资料的分类

实物资料大概可分为个人类和官方类，这两类又可以按照正式程度分成"正式的官方类"资料和"非正式的个人类"资料。前者指的是那些用于比较正式的、正规的、严肃的社会交往中的资料，这些资料被认为记录了"文件类现实"，主要用来为公众服务，因此被认为比较正式。"正式的官方类"资料通常包括各种由政府部门颁发的证件和文件，如结婚证、身份证、工作证、驾驶证、银行收支表、电话单、统计资料、杂志、历史文献等。虽然有的证件和文件是供个人使用和保存的，但是它们的生产者一定是官方机构。后者主要被用来为个人服务，通常与个人生活有关，因此被认为不太正式。"非正式的个人类"资料通常包括被研究者个人所写的东西，如日记、信件、自传、传记、个人备忘录等。日记记录的内容是个人内心世界和思想情感的自然流露与表达，对于了解当事人的心理活动和所思所想很有价值。个人信件通常展示了写信人在没有外部压力的情况下的心情状态和对事物、社会现象、人际关系等的思考，其中也表现了写信人与收信人之间的关系和交往状态，真实记录了写信人与他人交往的人生历程。收集此类个人信件对开展深描式质性研究很有帮助。

二、实物分析法的一般步骤与技巧

采用实物分析法收集实物的一个总的原则是：收集实物必须获得当事人的同意。不论是个人非正式的资料还是官方正式的记录文件都有自己的"守门人"，研究者在收集这些资料的时候必须了解他们是谁、如何最顺利地获得他们的首肯。如果他们不同意提供这些资料，研究者应该尊重他们的选择。在收集实物资料的同时，研究者还需要考虑实物的用途和价值，以及实物的主人对这方面的打算。研究者应该在尊重对方意愿的基础上与对方协商具体收集实物的方式。总的来说，实物分析是质性研究中一个非常有效的收集资料的方式，不仅可以为研究提供一些物质依据，而且可以揭示制作者和使用者的动机和意图，如果我们仔细探究实物的象征意义，还可以从中获得很多访谈和观察无法获得的信息。

至于"资料什么时候可以收集完毕、研究者什么时候可以退出现场"，我们在进行研究设计的时候可以提出一些原则性的衡量标准，比如：①资料达到了饱和，进一步收集的资料已经与前面收集的资料在内容上重复，没有新的资料出现；②研究者本人已经"成为本地人"了，对当地的情况失去了敏感性，注意力开始明显减退；③资料分析比较密集，分析的理论框架越来越精细；④研究者对获得的结果越来越感到激动，急于向同行、朋友和家人介绍自己的研究。当然，在实际研究中，研究者离开现场的原因可能有很多（如预定的时间已到、经费已使用完毕、研究者与当地人发生了冲突、研究者突然生病等），很难在研究设计阶段就做出明确的预测。

第十二章

质性资料的整理和分析

质性研究在收集资料之后，则进入资料的整理和分析阶段。"整理和分析资料"是根据研究的目的对所获得的原始资料进行系统化、条理化，然后用逐步集中和浓缩的方式将资料反映出来，最终目的是对资料进行意义解释。一般而言，质性研究着重根据资料自身的特征来决定资料整理和分析的方法，因此在设计阶段研究者很难提出较为明朗而确切的想法。研究者通常根据之前的经验及前人常用的方式，设想所收集的资料属于何种类型、具有什么特点，再判断采用何种方式对资料进行整理和分析。质的研究中的资料整理和分析不是两个截然分开的阶段，整理的思想基础是分析，分析的操作基础在整理。因此，研究者很难也没有必要将两者完全分开。资料整理的部分内容具有一定的相对独立性，比如对资料准确性的检查和对遗漏部分的补充，其余大部分的内容都是集整理和分析为一身的。为了方便理解，本书分质性资料整理和质性资料分析两部分进行阐述和说明。

第一节　质性资料的整理

质性资料的整理工作具有一定的相对对立性。分析研究资料前，需要对原始资料的准确性、完整性、及时性和来源渠道（特别是当资料是由多种方法收集的）进行检测，查阅资料是否无遗漏。

一、质性资料整理的要求

质性资料整理要求及时、准确、严格、细致。访谈中的录音记录要求逐字逐句整理，不仅要关注被访者的言语行为，还要关注非言语行为（如叹气、哭、笑、沉默、语气中表现的迟疑等）；事后必须处理观察笔记，对遗漏的细节进行补充，对当时速记的内容进行扩展和重写；实物资料如果有不全或记录错误的地方，应该及时补充或纠正。质性研究之所以要求对所有的资料进行整理，是因为质性研究认为"所有的事情都是资料"。整理资料时研究者忽视的内容也许在日后会发觉十分有用，若当时未做好记录就有可能难以弥补。

二、质性资料整理的过程

为方便质性资料分析和研究，使资料有价值和便于随时调取查阅，必须做好如下整理工作：

1. 整理质性资料笔记

分析定性资料的第一步就是对凌乱、无结构、无顺序的记录资料进行整理，主要包括分类、建档、编码等具体内容。比较"老土"但有效的方法就是将材料分门别类地写在卡片上，标以不同的代码，然后按不同的类别放置。随着计算机 IT 技术的快速发展，质性资料的整理工作变得简化而高效，除了分类框架的确定、类别和代码的设置等工作仍然必须由研究者来做以外，其余的工作都可利用计算机进行。

通常是将实地记录或现场笔记全部输入计算机，存在磁盘上，将其变成可以随时调用、不断复制、任意组织和无数次处理的文件。需要特别提醒的是，输入计算机时应做到完全按照实地记录本上的内容和文字录入，不要做任何的修改，使计算机中的文本与原始记录在内容、文字、时间、前后顺序、标记等方面完全一致，就像是实地记录的照片或复印件一样。应妥善保留这份与实地记录完全相同的"原始"文本，不要对其做任何处理，而对其复制出的多个备份可以进行各种删改、编排、摘录。目前，市面上专门进行质性资料分析的软件有 Ethnograph、Nudist 等，这些软件可以极大地帮助研究者进行质性资料整理和分析。

2. 建立各种质性资料档案

一是背景档案，对于一些研究社会运动或重大事件的定性研究，这种背景档案十分重要。二是传记档案。这种档案的记录对象是实地研究中的各种人物。将所有有关某个人物的档案放在一起，可以帮助研究者更加全面地认识这个人，并从中发现不同事物之间的联系。三是参考书目档案，对资料分析过程中，甚至整个研究过程中查阅、记录下来的各种书目、文献资料进行系统的整理和归档。四是分析档案，即根据分析的主题分别集中各种资料，这是资料分析过程中最主要的档案类型。

3. 切实做好质性资料的编码工作

整理资料时，研究者可以先给每一份资料编号，然后建立一个编号系统，即编码（Coding）。编码又称译码或登录，即对观察笔记、访问稿、备忘录等资料逐字、逐句、逐段地分解并添加标签，赋予个别事件或现象一个概念性的范畴。对数据资料进行分类编号是对数据资料进行有效管理、高效利用的重要手段。在质性研究中，编码是资料分析中一个完整的部分。研究者将原始资料组织成概念类别，创造出主题或概念，然后用这些主题或概念来分析资料。编码是在研究问题的指导下进行的，而其结果又会导致提出新的问题。它使研究者摆脱原始资料的细节，在一个更高层次上思考这些资料，并走向概括和理论。编码是两种同时发生的活动：资料的机械减少与类别化分析。形象地说，就是将小山一样杂乱地堆在一起的原始资料缩减成便于管理的小堆资料的艰苦工作。它使得研究者能方便迅速地进入所寻找的部分。研究者不停地将资料排列有序，一次又一次地进行对比，这会花费研究者许多时间。只有当他突然间具有了某种眼光或意识到某种模式时，才算是进入了真正的分析。也就是说，通过编码工作能够通过顿悟帮助研究者逐渐加深理解资料背后隐藏的意义。编号系统通常包括如下信息：一是资料的类型（如访谈、观察、实物）；二是资料提供者的姓名、性别、职业等；三是收集资料的时间、地点和情境；四是研究者的姓名、性别和职业等；五是资料的排列序号（如对某某人的第一次访谈）等。为方便起见，研究者可以赋予每一项一个编号。比如，有关被访者的职业，可以用 J 表示教师、X 表示学生、G 表示工人、N 表示农民。所有的书面资料都应该标上编号，并且按页标上页码，以便今后分析时查找。

扎根理论研究方法的编码大致可以分为三种：开放式编码（open coding）、主轴式编码（axial coding）、选择式编码（selective coding）。值得注意的是，在质性研究中，这三种编码程序虽有先后顺序，但在实际的操作过程中，它们是彼此交错进行的。

（1）开放式编码（open coding）。在编码的第一个阶段，对于笔记、备忘录、访谈稿等资料所浮现的任何可以编码的句子或片段给予概念化标签，这就叫开放性编码，也就是说，对句子或段落标签化的"动作"，这个"动作"的目的并非赋予资料名称，而是要将资料概念化。然而，编码后出现的概念层次比较低，需要进一步处理或提炼，将相关的概念"聚拢"在一起，形成所谓的范畴。下面举例（徐宗国所描述的关于台北市辅导班情况）说明这个编码过程。

"上课钟声响起，学生陆续走进教室。人很多，学生排在门口依次进入。张三的座位在里边，外边的两位先坐下的同学必须努力把椅子向前拉，让张三走进座位。在张三走进座位之前，走道后边挤满了人，因为走道太小过不去，必须等张三坐定后，其他人才有办法通过，走到自己座位的那一排。教室细细长长的，每张桌子坐了四个人，每一排有三张桌子，一共有十五排，将近两百个学生在上课。张三坐定后打开书本，放个铅笔盒，发现桌面剩下空间不多，再放个笔记本已经很勉强了。老师开始讲课后，他想要写笔记，发现手碰到旁边的同学，两人相互看了一眼。

下课后，大家抢着上厕所，又是一阵排队。走廊上挤满了学生，除了在自动贩卖机买东西以外，讲话只能在厕所里。走廊上是不准相互交谈的。"

在这个例子中，"人很多，学生排在门口依次进入"和"将近两百个学生在上课"可以分别编码为"大班级"和"大班上课"，而"外边的两位先坐下的同学必须努力把椅子向前拉，让张三走进座位""张三坐定后打开书本，放个铅笔盒，发现桌面剩下空间不多，再放个笔记本已经很勉强了""他想要写笔记，发现手碰到旁边的同学"可以编码为"座位狭小"，"在张三走进座位之前，走道后边挤满了人，因为走道太小过不去，必须等张三坐定后，其他人才有办法通过，走到自己座位的那一排"可以编码为"走道拥挤"，"走廊上挤满了学生，除了在自动贩卖机买东西以外，讲话只能在厕所里"可以编码为"缺乏休息场所"……值得注意的是，同一段落或句子不限制编码的次数，可以用不同的概念同时编码两次或两次以上。通过对这个例子的编码，笔者得到了"大班级""大班上课""座位狭小""走廊拥挤"和"缺乏休息场所"等几个概念，那么这几个概念彼此有联系吗？笔者发现它们都指向空间，而且是一种不足、令人不舒服的状态；此时，研究者把这些概念聚拢、提炼成一个层次更高的概念，这个层次更高的概念就叫"范畴"。用什么样的概念来聚拢这些层次较低的概念呢？于是，笔者用"空间剥夺"这个层次较高的概念来代表这些层次较低的概念，在这个编码过程中，"空间剥夺"就可以称为范畴（徐宗国，1996）。

（2）主轴式编码（axial coding）。编码程序的第二个阶段就是主轴编码。在开放式编码中，研究者关注于资料本身，并不关心主题之间的连接，也不解析主题所代表的概念。开放性编码的主要任务在于发掘范畴，而主轴编码的主要任务则是更好地去发展"主要范畴"。开放性编码阶段发掘出来的范畴，并非在这个阶段都可以发展。也就是说，某些层次比较低的概念可能无法和其他概念聚拢成范畴，所以这些不能形成范畴的概念在主轴编码阶段可能被修剪掉。另外，有些范畴出现在前几次的观察或访谈资料中，但在后边几次的观察或访谈资料中不再出现，这时候也可能要做调整。以深度访谈为例，第一次访谈之后，研究者开始做分析，并进行开放性编码，找到了不少概念，并将其中的几组聚拢成不同的范畴，并且根据这些发掘出来的概念和范畴来修正第二次访谈的内容和方向。如此一直进行，到了第六次或第七次访谈的时候，研究者觉得某些主要范畴一再出现，说明它们是重要的范畴，于是可以开始主轴编码的过程。主轴编码的主要任务是发展主要范畴，具体做法就是发展范畴的性质和层面，使范畴更加严密。在这个时候，研究者需要回过头去阅读前几次的观察或访谈资料，重点去寻找和这些主要范畴有关的句子和段落，是否可以重新发现与这个范畴有关的概念。

主轴式编码着重于发现和建立类别之间的各种联系，包括因果关系、时间关系、语义关系等。在主轴式编码过程中，研究者思考原因和结果、阶段和过程，并寻找将它们聚合在一起的类别或概念。他或许会提出这样一类问题：可以将现有概念划分为不同的维度或不同的子类别吗？能否将几个密切相关的概念结合成更为抽象的概念？能否将资料中的这些类别按某种时间顺序、或空间位置、或按它们与研究主题相关的程度进行组织？例如，研究者可将"家庭生活"划分为"夫妻关系""家务分工""子女教育""休闲娱乐"等维度，当这些不同的维度在资料中不同的地方重复出现时，研究者可以进行比较，并可以产生出诸如"性别角色"这样的新的主题。

（3）选择式编码（selective coding）。编码过程的第三个阶段是选择式编码，也就是处理范畴与范畴之间的关系。选择式编码是在浏览资料和进行开放式或轴心式编码工作的基础上，有选择地查找那些说明主题的个案，并对资料进行比较和对照。研究者在发展出某些概念，并开始围绕几个核心概念或观点来组织他们的总体分析时着手进行这种工作。这也就是说，在研究者准备进行这种对资料的最后的阅读和分析时他已识别了研究课题中最主要的主题。例如，一个研究小型公司中职员生活的研究者决定把"两性关系"作为其重要的主题之一。在选择式编码过程中，他仔细阅读各种实地笔记，寻找男职员与女职员在谈论找对象、约会、订婚、婚礼、离婚、夫妻角色等方面问题时所存在的差别。然后他对二者在各种涉及婚姻的主题中所存在的态度差别进行比较，以便得出某种概括的模式（风笑天，2009）。

选择式编码和主轴式编码之间也并非完全没有重叠。当主要范畴发展得差不多且观察的次数或访谈个案累积到一定数量时，范畴与范畴之间的关系可能会逐渐浮现出来。然而，选择性编码主要是系统地处理范畴之间的关联。这个动作需要根据各个范畴的性质和层面来完成。在选择性编码这个阶段，先初步找出范畴间的关系，然后在后续的观察或访谈中用更多的案例确认这种关系是否存在（范明林，2018）。扎根理论研究方法的整个编码程序是先分解再逐渐综合的过程：先分解个案资料，再综合到原汁原味的故事线里（徐宗国，1996）。可以说，选择式编码就是要充当进入综合这一步骤的角色。

三、质性资料的概念化形成

定量研究者往往在收集和分析资料前，就将变量的概念化以及概念的提炼作为变量测量的一部分，而质性研究者则是根据资料来形成新的概念，或提炼概念。概念化是质性资料分析过程中用以组织资料、概括资料含义的主要方式。在质性资料整理的过程中，研究者往往通过对资料提出评论性的问题来进行概念化或者形成概念。概念的形成为质性资料分析提供了很好的基础和框架。研究者通过将资料组织成基于某种主题、概念或特征的类别对资料进行分析。质性研究者从资料中发展出新的概念，形成概念化的定义，并考察概念间的关系，最终使概念相互连接，交织到他的理论陈述中去（风笑天，2009）。

四、撰写备忘录

在质性研究中，撰写备忘录是一项非常重要和具有理论建构意义的工作。如果说编码是一种分解的过程，那么撰写备忘录就是一个综合的过程。备忘录主要包括研究者对资料的回应、对资料理论性的了解与解释、各阶段的研究设计以及采取的思路等（范明林，2018）。撰写的过程也是研究者思考的过程，从中可以发现所得资料在理论上的含义，刺激研究者的思维并提醒其应该注意的社会现象。撰写备忘录有利于提升所收集资料的层次（范明林，2018）。撰写备忘录时，研究者有两种思维方式，一种是由资料到写作的归纳，另一种是由文字到观察的演绎，这两种思考方式在整个写作过程中一直同时进行，每个来回的结果是逐渐提升所观察现象的抽样层次，以建立扎根理论（胡幼慧，2001）。在扎根理论研究中，每份备忘录要尽可能有一个主题，并标明日期，这样有利于以后整理以及推演研究者的思考历程，更有利于读者参考，了解扎根理论的建构过程（范明林，2018）。

质性研究中的分析型备忘录（Analytic Memo），是实地笔记的一个特殊类型。它是有关实地研究者对编码过程的想法和观点的一种备忘录或讨论记录。这种备忘录是研究者写给自己看的，或者说是研究者自己与自己讨论的一种笔记。这种备忘录包含着对概念或主题的相关讨论以及研究者对资料和编码的主动反应及思考，可以成为研究报告中资料分析的基础。值得注意的是，在写某个概念或主题的备忘录时，要注意思考它与其他概念或主题之间的相似性、差异性以及因果关系；要将分析型备忘录与资料记录分开写，因为它们具有不同的目的，资料记录是证据，而分析型备忘录则具有概念的和理论建构的目的（风笑天，2009）。

第二节　质性资料的分析

质性研究所应用的是一个不同于过去的研究步骤，参与知识创造的是一群新的伙伴，而它所期望达到的则是由一种新的视角，创造出新的知识内涵。质性研究采用归纳法的研究论证步骤（Inductive Approach），研究者由"资料"（data）出发，找出关键词、概念，再由关键词、概念归纳出解释社会现象的原理、原则（熊秉纯，2001）。

囿于国内定量研究和定性研究的一些传统，研究者分析材料时往往把搜集来的材料习惯性地套入既有的框架，以此完成一篇研究报告或写文章。例如，李少梅（2001）在以"女大学生做家庭教师"为题进行材料分析时发现：

> 在资料分析时最容易出现的问题，就是只看到字面的意思而忽视质的内容。我在最初翻看材料时，总是先找自己想好的几个方面的问题，比如做家教的原因、家教的途径，付酬的方式等，按照这个思路，发现资料不就这样一些内容嘛，找家教不就是出于经济的考虑和锻炼自己吗？这些我在访谈前就都想到了，这还怎么抽丝剥茧呢？就想当然地认为这段话的信息我已获得，而忽视了当事人真正想表达的内容和表达的思路。

分析资料时，研究者必须把自己浸润在文字材料中，贴着材料走，逐字逐句地找关键词、关键句，从当事人的话语、立场，寻找出当事人的观念，发现当事人到底想说什么，看他/她是怎么说的，明确他/她所表达的是一种怎样的思路。根据这些关键话语再找出主题思想，最后归纳出文章的主题。总的说来，这是一个非常具有挑战性的研究过程，因为研究者必须要摆脱定量研究由理论、假设到问卷调查这一演绎式的研究步骤，也不能再走思辨性论证的老路（熊秉纯，2001）。

一、质性资料分析的基本过程

质性资料分析是一个对资料进行分类、描述、综合、归纳的过程。质性资料分析的基本逻辑是归纳，即从具体的、个别的、经验的事例中逐步概括、抽象出概念和理论，其主要工作任务可以概括为对信息的组织、归类和对信息内涵的提取。分析质性资料，研究者采取的典型的方法就是对在实地研究中观察、访谈所得到的资料进行重新研读，并按照基本的理论范畴或方法（如社会学）对它们进行分类（风笑天，2009）。质性资料分析大致有如下三个阶段：

1. 阅读原始资料阶段

分析资料的第一阶段是认真阅读原始资料，熟悉资料的内容，仔细琢磨其中的意义和相关关系。在对资料进行分析之前，研究者起码应该通读两遍资料，直到感觉自己已经对资料了如指掌，完全沉浸到了与资料的互动中（陈向明，2014）。研究者对整个实地观察记录和访谈笔记等资料进行粗略的浏览，目的是对全部资料有所了解，重新回想起实地参与中的情景和感受。这种浏览实际上起到了某种提供背景和分析基础的作用，使研究者在对原始资料进行各种处理时更加心中有数（风笑天，2009）。在阅读原始资料时，研究者应该采取一种主动"投降"的态度，即向资料"投降"，向自己与资料互动过程中产生的感觉和体悟"投降"。这意味着研究者把自己有关的前设和价值判断暂时悬置起来，让资料自己说话。研究者只有自己彻底敞开自己的胸怀，腾出一定的空间，才能让资料进入自己的心中（陈向明，2014）。

2. 登录阶段

第二阶段为阅读编码阶段，即登录阶段。在第一阶段初步浏览的基础上，研究者开始逐段逐行地仔细阅读实地记录，分析每一段笔记的内容，并进行资料的编码。通常，研究者边阅读边根据具体内容做记号，以标签的形式表明各种具体事例、行为、观点的核心内容或实质，并将其归入各种不同主题或概念的备忘录中，形成具有清晰内容框架的资料。前述的资料整理工作就属于这一阶段（风笑天，2009）。登录要求研究者具有敏锐的判断力、洞察力和想象力，不仅要很快地抓住资料的性质和特点（特别是语言的深层意义），而且要很快地使不同概念和事物建立起联系（陈向明，2014）。

3. 分析抽象和归纳阶段

第三阶段为分析抽象和归纳阶段，即再次回过头来，根据不同的标准或从不同的角度，仔细审阅和思考资料中所做的各种记号，思考和比较各种不同的主题及分析型备忘录，看看哪些东西反复出现、哪些资料存在突出差异，并从中归纳或抽象出解释说明现象和社会生活过程的主要变量、关系和模式。质性资料的分析阶段一个十分关键的环节是，从大量经验材料中识别出那些构成更大社会结构的社会互动和社会关系。我们不能把在实地观察中所得到的这些互动和关系仅仅看作具体的、特别的行为，还要把它们当作更为抽象、更为一般的概念在具体社会生活中的例子。我们必须理解这些行为和关系是如何相互联系并形成社会结构的一种特定类型的，这也正是质性资料分析中最为困难的一项工作（风笑天，2009）。

二、质性资料的分析方法

质性资料分析与定量资料分析的重要差别之一，是其具体分析方法的多样性，这种多样性与其在分析过程中主要依赖研究者的主观作用有很大关系。有的研究者提出，定性资料分析的途径主要有两条：一是寻找资料中的相似性；二是寻找资料中的相异性。比如，是不是各种不同的个案都表现出某种共同的行为模式，如果发现他们具有某种共同的行为模式，我们就可以进一步探讨为什么会如此，以及这种行为模式具有什么功能等；如果不同个案表现出差异性，那么我们要进一步去对差异的表现进行分类、比较，即探讨具有什么样特征的人会有什么样的行为模式，他们之间差异的特征是什么，以及为什么会存在这样的差异等。找出资料的相似性和相异性需要我们关注质性资料的六个方面，即频率、程度、结构、过程、原因、后果（J. Lofland & Lyn Lofland，1995；风笑天，2009）。根据质性资料分析的常用情况，本部分主要介绍"类属分析"和"情境分析"两种分析方法。

1. 类属分析

"类属分析"指的是在资料中寻找反复出现的现象以及可以解释这些现象的重要概念的过程。在这个过程中，研究者将具有相同属性的材料归入同一类别，并以一定的概念命名，类属的属性包括组成类属的要素、内部的形成结构、形成类属的原因、类属发挥的作用等。类属分析的基础是比较，因为有比较才有鉴别，才能区别此事物与其他事物的异同。比较可以采取很多方式，如同类比较（根据资料的同一性进行比较）、异类比较（根据资料的差异性进行比较）、横向比较（在不同的资料之间进行比较）、纵向比较（对同一资料中的各个部分进行前后顺序的比较）、理论与证据比较（将研究者的初步结论与后续收集到的资料进行比较）等（陈向明，2014）。

通过比较设定有关的类属以后，研究者需要对类属之间存在的关系进行识别，如因果关系、时间前后关系、语义关系、逻辑关系、平行关系、包含关系、下属关系等。类属之间存在的关系建立起来以后，研究者就可以发展出一个或数个"核心类属"。核心类属是所有类属中最上位的意义单位，可以在意义上统领所有其他的类属。每一个类属下面还可以进一步发展出下属类属，表示该类属所包含的意义维度和基本属性。为了使资料分析直观、明了，研究者在建立不同类属之间的关系时可以使用画图的方式，如树枝形主从属结构、网状连接形结构等。例如，在一项对大学毕业生就业的调查中，北京大学课题组对北京市的一些人才洽谈会进行了现场观察和访谈，结果发现用人单位在挑选大学生时使用了很多重要的概念，如"做人""做事""敬业精神""团队精神""职业道德"等。研究者经过讨论和画图，将"做人"与"做事"作为"合格的大学生"的两个核心类属，在"做人"这个类属下面又列出"敬业精神""团队精神"和"职业道德"等下属类属，在"职业道德"这个下位类属里又分出了"自我定位"（即不轻易"跳槽"）、"自我评价"（即正确评价自己的能力，不认为自己大材小用）、"自我约束"（即不打招呼就"跳槽"了）等类属（陈向明，2014）。

2. 情境分析

"情境分析"是将资料放置于自然情景之中，按照故事发生的时序，生动逼真地对有关事件和人物进行描述和分析。这是一种将整体先分散然后再整合的方式，即先看到资料的整体情形，然后将资料打碎、分解，最后将分解的部分整合成一个完整的、坐落在真实情境中的故事。情境分析强调对事物做整体的和动态的呈现，注意寻找将资料连接成一个叙事结构的关键线索（陈向明，2014）。情境分析的具体内容十分丰富，可以是研究现象中的主题、事件、人物、社会机构、时间、地点、状态、变化等。内容的前后顺序可以按照当事人的言语行为、事件发生的时间组织（陈向明，2014）。情境分析的具体手段包括轮廓勾勒、片段呈现、个案分析等。情境分析和类属分析可以结合起来使用：前者可以为后者补充血肉，后者可以帮助前者分清层次和结构（陈向明，1996；风笑天，2009）。

对资料进行情境分析的主要思路是：把握资料中的有关重要信息，找到可以反映资料内容的故事线，延展出故事的有关情节，对故事进行详细的描述。进行情境分析应该特别注意资料的语言情境和社会文化情境、故事发生的时空背景、叙述者的说话意图、资料所表达的整体意义以及各部分意义之间的相关联系（陈向明，2014）。

情境分析的第一步是系统认真地通读资料，发现资料中的核心叙事、故事的发展线索以及组成故事的主要内容。核心叙事是情境分析中最中心、内容最密集的部分，代表了资料的整体意义。核心叙事中通常有条故事线，通过这条故事线可以追溯故事发生的时间、地点、涉及的人物、事件、过程以及原因等。核心叙事可能是对资料中多个个案的汇总，用一个典型的个案表达出来，也可以以一个个案为主，辅以其他个案的内容。寻找核心叙事和故事线的工作可以通过"头脑风暴"的方式进行，研究者可以独自思考，也可以组织课题组成员一起进行思想的碰撞。在思考和讨论的时候，研究者应该尽量让自己放松，调动自己的想象力，让思想自由地从脑子里流出来、大声地从嘴里说出来（Mishler，1986）。在阅读原始资料时，研究者应该随时写下自己的想法，将关键的词语列出来作为码号。同时，研究者还应将有关场景以及从资料中涌现出来的主题列成图表，使自己对资料有一个比较直观、明了的把握（陈向明，2014）。

情境分析的第二步是按照已设立的编码系统为资料设码，即对通篇资料进行仔细的斟酌后，将有关的片段用符号标出来。与类属分析不同的是，情境分析中的设码不是将资料按照差异原则进行分类，而是寻找资料中的叙事结构，如引子、时间、地点、事件、冲突、高潮、问题的解决、结尾等。在寻找这些因素的同时，研究者还应该对它们之间的关系及其与其他因素之间的关系进行探讨，如什么是主要事件、什么是次要事件、它们彼此之间的联系是什么、这些事件如何被系统地组织起来。情境分析对资料进行设码的目的是功能性的，而不是实质性的（Mishler，1986）。这些码号主要用来对情境结构中的不同部分进行标示，而不是按照一定的类属系统对资料进行编码（陈向明，2014）。

设码工作完成以后，下一步就是对资料进行归类。归类的具体做法与上面介绍的类属分析的做法基本相同，但两者归类以后对资料的处理有所不同。类属分析是把相同的资料内容放到一起，然后进行分门别类的陈述；而情境分析是在归类的基础上将内容浓缩，然后以一个完整的叙事结构呈现出来。因此，情境分析在资料归类以后，需要将有关内容整合为一个具有情境的整体。这个整体的各个部分之间应该具有内在的联系，包括时空、意义或结构上的联系（陈向明，2014）。

　　如果依靠资料内容本身很难建立起一个连贯的、具有内在联系的整体，研究者则可以将自己的声音放进去，通过自己的再述说把资料各部分之间的关系表述出来。在具体操作时，研究者的声音存在明显或不明显的区别。当资料本身的"逻辑"关系非常明显时，研究者往往让自己的声音退居其后；而当资料本身需要比较多的"解释"时，研究者的声音则变得比较明显。研究者的声音是研究中一个十分有价值的部分，应该加以"合适的"运用。如果我们将自己的声音作为一个联系资料的纽带，同时注意资料本身的特质，也许不仅可以保持资料的"原汁原味"，而且还可以体现出我们对资料内容的理解和组织能力（陈向明，2014）。

第十三章

混合方法

第一节　混合方法的概念与适用情境

　　传统上，基于认识论和本体论的范式之争，定量研究方法与定性研究方法很难融合。但是，由于社会事实往往从多个方面、层次和视角呈现出来，既需要理解社会事实本身，又需要解释意义和机制，而单一的定量或定性研究方法很难全面地展示出社会事实的全貌、意义和内在机制（Pawson，2008），且越来越多的学者认识到定量研究方法与定性研究方法互不相容与相互排斥的弊端，希望找到"第三条道路"来调和两种研究方法的对立，以超越两种研究方法在意识形态上的争论。因此，作为两大传统范式之间哲学和方法学上的中间路线，基于实用主义哲学的混合方法应运而生并受到越来越多的学者的重视，甚至出现了专门的学术研究期刊，被称为"第三次方法论运动"。目前，混合方法在国际上被广泛应用于社会学、教育学、心理学、护理学、管理学与健康学等研究领域。然而，其尚未引起国内学术界充分的关注，尤其是在社会学、社会保障学科中，几乎未见混合方法的介绍和使用。本章将主要介绍混合方法的概念、特征与设计，混合方法资料的收集与混合方法资料的分析。

一、混合研究方法的概念

　　基于不同的哲学理念和研究实践，许多学者从不同的角度对混合方法进行了界定。约翰・W. 克雷思威尔（2015）将混合方法界定为：社会科学、行为科学和健康科学领域的一种研究取向，持有这种取向的研究者同时收集定量（封闭的）数据和定性（开放的）数据，对两种数据进行整合，然后在整合两种数据强项的基础上进行诠释，更好地理解研究问题。约翰逊等（2007）在分析了混合方法的多个定义后给出了一个综合的定义：研究者或研究团队将定性和定量研究方法要素（例如，使用定性和定量视角、数据收集、分析、推理技术）结合起来，目的在于拓展理解和确证的宽度和深度。《混合方法研究学刊》的主编约翰·W. 克雷思威尔和薇姬·L. 查克（2017）在期刊创刊时给混合方法下了一个一般性的定义：研究者在一项研究或调查项目中，兼用定性和定量的研究方法，来收集、分析数据，整合研究发现，并得出推论。此后，约翰·W. 克雷思威尔和薇姬·L. 查克（2017）又给出了一个包含方法和哲学取向的定义：混合方法研究是一种包含了哲学假设和调查方法的研究设计。作为方法论，它包含一些哲学前提假设，这些前提假设在多个研究阶段引导着数据收集和分析、定性定量方法整合。作为一种方法，它关注单个或系列研究中定性和定量数据的收集、分析和混合。它的核心前提是，比起单独使用定性或定量方法，结合使用两种方法，能够更好地解答研究问题。

通过以上学者的定义，我们可以总结出混合方法的核心特征就是基于某种哲学或理论，整合定量与定性研究方法来收集和分析资料以更好地对研究问题做出解释。

二、混合方法的适用情境

混合方法虽然已经成为社会科学研究方法中的一股重要力量，但是这并不意味着研究者可以贬低或者排斥单一的定量研究方法或定性研究方法，而应基于研究的具体情况选择不同的研究方法。研究者在选择使用混合方法时需要给出理由。Bryman（2008）通过对一些期刊论文的分析，发现使用混合方法的研究主要是为了：①"强化"（enhancement），即运用定量或定性研究方法收集资料，强化定量或定性研究发现；②"完整"（Completeness），即如果研究者同时使用定量研究方法与定性研究方法，他可以对他感兴趣的研究主题做出更广泛的解释；③"三角测量法"（Triangulation），即传统的观点认为定量和定性研究可以结合起来对研究发现进行三角测量，目的是使这些研究发现相互验证；④抽样（Sampling），即使用一种研究路径推进对调查对象或案例的抽样。约翰·W.克雷思威尔和薇姬·L.查克（2017）认为，当研究者面临着数据资源不足、研究结果有待解释、探索性发现需要一般化、要用第二种方法增强第一种方法、需要采用某种理论立场，以及根据整体研究目标，研究最适用于采用多阶段或多项目的形式时，就可以采用结合定量与定性研究方法的混合方法。

（1）当单一的资料来源无法充分地回答研究问题时，可以使用混合方法。定量研究方法与定性研究方法提供了不同的研究问题的视角，但也各有局限性：定量研究方法胜在能够通过样本推断总体提供整体性的信息，探索数据内部关系和考量可能存在的因果关系，但缺乏对个体的理解，无法深入探讨内在的、细微的逻辑和机制；定性研究方法长在对个体深度的探讨，但研究结果的可推广性较差。当某一研究问题难以用单一的资料完整或充分地理解时，就需要使用混合研究方法。例如，朱迪（2014）在分析中国中产阶级消费行为时发现，可以使用具有代表性的样本利用定量分析方法来描述中产阶级的人口学特征和消费模式，但是作者掌握的有关消费行为参与的变量数据非常有限，难以充分揭示中产阶级消费生活的复杂性，也难以获得主观的解释、个体之间微妙的区别以及消费行为如何被具体的文本所塑造等信息。因此，作者在使用定量数据分析后，又使用半结构式访谈的方法收集到定性资料进行分析。最终，通过使用混合方法，朱迪揭示了中产阶级消费行为的特征以及其潜在的消费倾向的性质和程度。

（2）当需要初步或者进一步解释研究问题时，可以使用混合方法。如果使用某一种研究方法只能得出研究结论而无法提供解释，或者只能提供初步解释而无法提供进一步解释时，就需要使用另一种研究方法。这种情况常见于使用定量研究方法可以得出研究结论，但无法"说明统计检定或效应规模到底意味着什么"（约翰·W.克雷思威尔和薇姬·L.查克，2017）时，常需要定性数据来帮助理解定量分析结果的意义、内在机制等。例如，胡宏伟等（2016）首先运用定量数据比较评估了我国西北农村地区撤点并校对不同收入家庭学生的政策效应，然后又通过访谈法收集定性资料进一步分析了撤点并校对不同收入家庭学生的政策效应差异的作用机制及可能的路径，对研究问题做出了进一步的解释。

（3）当需要进行探索性研究时，可以使用混合方法。当研究者尚不十分明确研究主题和研究内容时，研究者可以通过定性研究的方式探索研究主题和研究内容，从而得到关于研究主题和研究内容的某些假定或某些设想，然后通过定量研究的方式进一步验证和推广这些假定或设想。以胡宏伟等（2016）为例，作者利用定性研究方法分析后发现，撤点并校对不同收入家庭政策效应的差异可能是由于上学时间增长幅度、教育花费增长幅度等成本支付能力的差异，在此基础上，作者运用路径分析方法检验了上学时间增长幅度、教育花费增长幅度作为中介变量可能产生的中介效应，进一步分析了研究问题的内在作用机制，深化了对该问题的研究。

以上三种是混合方法较常见的适用情境。实际上，无论是哪种适用情境都无外乎是把定量研究方法嵌入定性研究方法，或者把定性研究方法嵌入定量研究方法，以取长补短，使对研究问题的解释更具有说服力。

第二节　混合方法设计

混合方法设计可以引导研究者严格按照混合方法的步骤收集、分析和解释资料。由于混合方法是定量研究方法与定性研究方法的整合，因此，混合方法设计主要涉及两种研究方法的关系处理。

第一，两种研究方法的主次问题。该问题主要是指两种研究方法在混合方法中的优先次序，即给予哪一种研究方法更大的优先或权重。约翰·W.克雷思威尔和薇姬·L.查克（2017）认为，在混合方法设计中，有三种优先次序安排方法：两种方法同等重要；定量方法优先；定性方法优先。

第二，两种研究方法的时序问题。该问题包括两个方面：在资料收集阶段两种研究方法的时序问题和在资料分析阶段两种研究方法的时序问题。约翰·W.克雷思威尔和薇姬·L.查克（2017）将混合方法的时序划分为三种：并行式，即在某一研究阶段，研究者同时进行定量与定性部分的研究；有序式，即研究者在两个阶段分别进行定量和定性部分的研究；多阶段组合，即研究者在三个以上研究阶段开展研究时，既包括并行式研究又包括顺序式研究。

第三，两种研究方法的整合问题。该问题是指两种研究方法的交互关系，包括两个方面：整合的环节，即在研究的哪个环节出现两种研究方法的整合；整合的策略，即两种研究方法如何整合。整合的环节可能出现在一个研究的资料收集、资料分析、结果解释等环节。例如，在资料收集阶段，可能同时收集封闭式问题与开放式问题；在资料分析阶段，可以对定性资料进行编码然后用定量方法分析；在结果解释环节，可以用定性资料对定量分析结果进行解释等。约翰·W.克雷思威尔和薇姬·L.查克（2017）列举了四种整合策略：合并两个数据集；将第一组数据的分析与第二组数据的收集联系在一起；在一个更大的设计或程序中，嵌入一类数据；运用框架（理论框架或程序）来整合多组数据。

基于以上两种研究方法关系的处理方式，混合方法研究设计可以被归纳为六种类型：一致性并行设计、解释性时序设计、探索性时序设计、嵌入式设计、变革性设计以及多阶段设计（约翰·W.克雷思威尔和薇姬·L.查克，2017）。

第一，一致性平行设计。一致性平行设计也被称为三角互证设计，是为人熟知的研究设计方法。这种研究设计方法是指在某一个研究阶段，研究者同时进行定性与定量部分的研究，并将两种研究方法得出的结果作为整体来阐述，两种研究方法没有优先次序，目的是使两种研究方法互为补充，扬长避短。一致性平行设计的步骤为：首先，在资料收集阶段，研究者分别独立收集定量与定性资料；其次，在资料分析阶段，研究者分别对两类资料进行分析并得出研究结果；最后，在结果解释阶段，将定量与定性研究结果加以整合，或者相互比较、相互验证，或者相互支持、强化解释。例如，笔者开展的"持社工证的社区居委会工作者是否有更好的工作表现"的研究就采用了一致性平行设计方法。在资料收集阶段，一方面，通过问卷调查的方式分别测量持证与非持证社区居委会工作者的工作表现、人口学特征以及工作单位特征，收集到了定量资料；另一方面，在持证社区居委会工作者中进行焦点小组访谈，收集到定性资料。在资料分析阶段，笔者运用结构方程的 MIMIC 方法对问卷调查收集到的资料进行定量分析，对焦点小组访谈的结果进行定性分析，最后整合这两种分析结果评估持证社区居委会工作者比非持证社区居委会工作者是否有更好的工作表现。

第二，解释性时序设计。解释性时序设计是混合方法研究设计中最简洁明了的设计方式，包括两个阶段：第一个阶段是定量资料的收集与分析阶段；第二个阶段是定性研究阶段，根据第一阶段定量分析的结果收集定性资料对定量分析结果加以解释。在这两个阶段中，通常第一阶段具有优先性。当定量研究结果是非预期性的，比如否定原假设的结果、违反常识的结果，就非常适用解释性时序设计。解释性时序设计步骤为：首先，研究者只收集定量资料并对定量资料进行分析；其次，研究者对定量分析结果进行初步解释，并根据定量研究结果设计定性资料收集方案；最后，研究者收集、分析定性资料，并用定性分析结果解释定量分析结果。以笔者上述的研究项目为例，原假设是持证社区居委会工作者比非持证社区居委会工作者有更好的工作表现，但是，在分析定量资料时发现，持证社区居委会工作者比非持证社区居委会工作者在某些工作表现指标上表现得好，符合原假设，但是在另外一些工作表现指标上两者没有显著性差异，不符合原假设。这时，我们就可以根据定量资料的分析结果来收集定性资料，对不符合原假设的定量分析结果做出解释。

　　第三，探索性时序设计。探索性时序设计与解释性时序设计一样也采用有序式设计，也分为两个阶段，但是与解释性时序设计相反，探索性时序设计的第一个阶段是进行定性资料的收集与分析，第二个阶段是定量资料的收集与分析，目的是检验、推广第一个阶段的定性研究结果，或者是用第一阶段的定性研究成果来形成、设计第二阶段定量资料的收集与分析方案。探索性时序设计步骤为：首先，研究者收集和分析定性资料；其次，研究者根据定性分析的结果设计定量资料的收集方案，包括变量的选择与测量、假设的提出或者试验方案的确定等；再次，研究者对定量资料进行分析，得出定量研究结论；最后，研究者解释定量分析结果是否验证了定性研究结果，或者定量研究结果以何种方式、在何种程度上推广了定性研究结果。仍以笔者上述的研究项目为例，笔者可以先进行定性资料的收集，比如对持证社区居委会工作者进行半结构式访谈或者阅读文献，通过对定性资料的分析确定工作表现的维度以及影响因素等。然后，笔者可以根据定性资料的分析结果确定测量变量、设计调查问卷、确定抽样方案和做出假设，收集定量资料。最后，笔者可以根据对定量资料的分析对定性资料分析结果进行检验，或者对定性资料的分析结果加以推广。

　　第四，嵌入式设计。嵌入式设计是指研究者在定量研究设计或定性研究设计中嵌入定性设计或定量设计，以丰富研究视角。因此，嵌入式设计主要包括两种类型：在定性设计中嵌入定量资料，如提供被访者的人口学特征数据以丰富对样本的描述；在定量设计中嵌入定性资料，如在对养老院护工的定量研究中补充对养老院管理者的深度访谈。仍以笔者的上述研究项目为例，笔者可以在对社区居委会工作者进行定量数据收集和分析的同时，对居委会书记或主任进行定性访谈，进一步增强对研究问题的理解。

第五，变革性设计。变革性设计是一种特殊的混合方法研究设计，有些学者认为它不属于混合方法研究设计（Teddlie & Tashakkori，2009）。变革性设计又被称为社会正义设计，是指将一个总体的社会正义框架，包括女权主义、种族理论、阶级理论等贯穿于混合方法研究的全过程，以发现边缘群体或者受压迫群体的需求，提出改变措施以增进这些群体的权利和推进变革。因此，在变革性设计中，定量还是定性方法的选择是基于意识形态或价值诉求，而非方法或程序（Greene，2007）。所以，在变革性设计中，定量资料与定性资料可以同时收集，也可以分别收集，或者两种方式并用；两种资料的分析可以同时进行，也可以先后进行。变革性设计与其他混合方法研究设计的区别主要在于在定量和定性资料收集和分析的过程中，更注重考虑研究者与调查对象的互动、抽样策略的包容性、如何积极纳入研究参与者、选用反映研究对象群体文化背景的测量工具与增加研究对象的福祉（约翰·W. 克雷思威尔和薇姬·L. 查克，2017）。

第六，多阶段设计。多阶段设计是指研究者在研究开展的不同阶段进行一致性并行设计、解释性时序设计、探索性时序设计，每个研究阶段都以此前研究阶段的结果为基础，交替使用定量与定性研究方法，尤其适用于分为多个小研究进行的大型研究项目。因此，多阶段设计实施步骤近乎于一个或多个混合设计的实施程序。大规模的、持续多年的评估项目往往使用多阶段设计方式。

第三节　混合方法资料的收集和分析

对研究者而言，相比较于单一的研究方法，使用混合方法更具有挑战性，因为研究者需要同时具备进行定量研究与定性研究的技能，收集并分析混合方法资料。

一、混合方法资料的收集

混合资料的收集是指研究者至少使用两种资料收集方式收集资料。在进行混合方法研究设计时，研究者需要收集到"有说服力的"（Persuasive）定性数据和"严格的"（Rigorous）定量数据（约翰·W. 克雷思威尔和薇姬·L. 查克，2017）。

1. 混合资料收集的注意事项

第一，掌握定量与定性资料的收集技能。混合方法设计是建立在定量研究与定性研究相结合的基础上的，因此，研究者在使用混合方法设计时，必须熟练掌握定量与定性资料的收集技能：定量资料的收集程序包括抽样方案的确定，调查问卷的设计、发放与回收，调查的组织与实施，实验方案设计，招募被试以及变量测量等，收集的数据包括官方数据、专家报告、网络大数据、项目性资料等；定性资料的收集方法包括访谈法、观察法、文献法等。只有在熟练掌握定量与定性资料收集技能的基础上，研究者才能有余力进行混合方法资料的收集。

第二，根据研究主题和研究目的确定混合方法设计。当研究者认为有充足的理由使用混合方法开展研究时，首先需要根据研究主题和研究目的确定使用哪一种混合方法设计，因为不同的混合方法设计具有不同的资料收集程序、收集方式、收集目的和收集内容。例如，解释性时序设计需要先收集定量资料，然后根据定量资料的结果收集定性资料，目的主要是服务于定量资料的解释；而探索性时序设计的资料收集程序恰好与之相反。

第三，充分考虑混合方法资料收集的时间和资源问题。混合方法研究需要同时收集定量和定性资料，因此研究者应具备充裕的时间和资源。例如，通过参与观察的方式收集定性资料需要花费较长的时间；通过问卷调查的方式收集定量资料需要充足的人力和经费保障；开展实验研究可能需要支付被试一定的报酬；无论是收集定性资料还是定量资料都需要支付差旅、印刷、协调等成本。如果研究者的时间和资源有限，那么研究者就需要考虑混合方法是否可行，或者需要考虑是否调整混合方法研究设计方式。

2. 混合资料收集的程序

约翰·W. 克雷思威尔和薇姬·L. 查克（2017）认为，混合方法研究中的数据收集程序主要包括使用抽样程序、获取权限、设计资料收集工具、记录资料信息以及程序管理。

第一，使用抽样程序。使用抽样程序主要涉及抽样方式和样本量。对定性研究而言，由于研究更关注的是对事件的深度理解，因此，研究者不应过分强调被研究对象的数量，而是关注那些经历过核心事件的参与者，即熟知事件"内情"的参与者。此外，研究者需要注意收集不同立场、观点的时间参与者的信息，以增强对事件全貌的了解。以笔者的博士论文为例，笔者探讨维权业主的行动逻辑时就分别向维权业主、反维权业主、普通业主、物业公司经理、政府工作人员、法院法官以及业主委员会成员收集了定性资料。对定量研究而言，研究者需要制定抽样方案，确定抽样框、抽样方法、样本数量等。笔者认为，如果条件允许，研究者应尽量采取概率抽样的方法以保证样本的代表性，减少抽样误差。

第二，获取权限。无论是定量研究还是定性研究都受研究伦理的约束，因此，研究者都需要获得权限。获取权限实际上意味着研究者被允许进入研究现场，研究者主要需要获得三种权限。首先，伦理审查。为了保护被研究者的权利，研究者在收集资料或开展实验时必须通过伦理审查委员会的伦理审查，违法研究伦理不但在学术道德上是不允许的，而且可能会对被研究者带来潜在的伤害。西方学术界尤其注重研究者收集资料的伦理审查，撰写学术论文必须提供证据证明研究者获取的资料通过了伦理审查。其次，被研究者主管单位的授权。获取被研究者主管单位的授权既是一个必要的程序，又能够帮助研究者顺利进入研究现场与研究对象建立联系。值得注意的是，被研究者的主管单位可能有多个层级。以笔者开展的"持社工证的社区居委会工作者是否有更好的工作表现"的研究为例，笔者在进行正式的定量与定性调查之前，先获得了市民政局的授权，然后在市民政局的协调下获得了区民政局的授权，最后在区民政局的帮助下获得了各社区居委会书记或领导的同意，之后才进入调查现场。最后，获得被研究对象的同意。在大多数的定量与定性研究中，研究对象实际上都是无偿地配合研究者。然而，对研究对象而言，他们没有义务接受研究者的调查。此外，研究者的调查可能会涉及研究对象的个人隐私、影响研究对象的行为、对研究对象造成困扰或压力等，所以，研究者在收集资料时需要获得研究对象的同意，也只有获得研究对象的同意，研究对象才有可能真正配合研究者的资料收集，向研究者提供真实的、有价值的资料。

第三，设计资料收集工具。在混合方法研究设计中，研究者需要根据所选取的混合方法研究设计模式设计资料收集工具。如果研究者选择一致性平行设计，那么研究者需要在正式进入研究现场之前就同时设计好定量与定性资料收集工具；如果研究者选择其他混合方法设计模式，研究者应在正式进入研究现场之前设计好定量或者定性研究工具。定量资料收集工具的设计主要包括试验方案的设计和调查问卷的设计，涉及实验流程和变量的确定、被试者的招募方式、量表的设计、信度和效度的检测以及试调查等。定性资料收集工具的设计主要包括：确定资料收集类型、数据库搜索、访谈提纲的拟定等。

第四，记录资料信息。混合方法资料收集中的记录资料信息是指如何将定量和定性研究过程中收集到的信息记录下来，成为研究者可以保存和分析使用的资料。就定性资料收集而言，可以通过录音的方式收集语音信息，然后再将其转为文字信息；也可以观察被研究者的言行举止；还可以通过视频、拍照的方法记录信息。就定量研究而言，可以运用纸质问卷记录信息，然后将其录入电子数据库形成数据文档；或者使用问卷星等电子问卷记录信息，并直接转化为数据文档。

第五，程序管理。混合方法资料收集的程序管理主要是明确资料收集过程中可能出现的问题。无论是定量资料收集还是定性资料收集，研究者都需要注意伦理问题以及一些细节问题：时间的安排、研究对象的配合、记录设备的性能、敏感信息的调查技巧、程序的标准化等。

二、混合方法资料的分析

混合方法数据分析是指适用于定量与定性混合数据的分析技术。不同类型的数据可能在单一课题、多阶段课题中同时或接续出现（约翰·W. 克雷思威尔和薇姬·L. 查克，2017），但不管有多少种数据来源，只要使用一种以上的分析技术，或者使用交叉技术和多种类型的数据（如用回归方法分析访谈资料）就是混合方法资料的分析（Small，2011）。

1.混合方法资料分析的两种类型

Small（2011）将混合方法资料分析划分为两种类型：交叉分析和整合分析。

（1）交叉分析。Small 教授将交叉分析定义为运用正式的、数学的或统计的方法分析定性资料，或者运用叙述的技术分析定量资料。得益于计算机技术的快速进步与分析软件的广泛运用，如 NVivo 定性研究软件、定性比较分析方法（QCA）等，极大地扩展了对田野笔记、口述史或历史档案等叙事文本的统计分析能力，包括叙事文本的网络分析、叙事文本的序列分析、叙事文本的定量分析以及小样本或叙事文本的回归分析。此外，由于对定量分析方法被局限于关注统计相关，研究者开始对理解因果关系和机制感兴趣，创造性地开始尝试对大样本或数值型资料进行定性分析。

（2）整合分析。整合分析是指用多种分析方法对单一资料进行分析。整合分析是基于多种分析方法内在的互补性，即采用多种视角产生的分析方法比单一视角产生的分析方法能够获得更全面的信息。

2.混合资料分析的模型

Onwuegbuzie 和 Teddlie（2002）。围绕混合方法数据分析的七个阶段提出了较具实用性的混合方法数据分析模型，可以为我们开展混合方法研究提供借鉴。

（1）数据简化。数据分析的第一个阶段就是简化在数据收集阶段收集到的任何形式的数据。就定量数据而言，数据简化包括描述分析（例如，集中趋势和离散趋势）、探索性分析（例如，探索性因子分析、聚类分析）等。就定性数据而言，数据简化包括探索性主题分析和剖面分析。从更微观的角度，定性资料简化包括编写概要、编码、写备忘录，集群和分区。

（2）数据呈现。数据呈现是以一种合适的和简化了的形态或者容易理解的方式将数据呈现出来。就数值型数据而言，可以用表格和图表的方式呈现；就定性数据而言，可以用矩阵图、图表、图形、网络、列表、评量表和思维图等呈现。

（3）数据转换。数据转换是指定量数据被转换为定性数据，和 / 或定性数据被转换成定量数据。例如，通过定性比较分析方法可以对定性资料进行编码，将其转化为定量数据。

（4）数据关联。数据关联是指将定量数据与定性数据结合起来。

（5）数据合并。将两种数据合并起来生成一个新的变量，或合并变量为数据集。

（6）数据比较。对不同来源的数据进行比较。

（7）数据整合。将所有数据整合为一个连续的整体。

在这个分析过程中，前两个过程是混合方法资料分析必要的步骤，后面的步骤没有固定顺序，不必按照顺序一步步进行。

第十四章

学术论文的写作与发表

学术论文是学术交流的重要载体与媒介，也是衡量个人学术水平的主要依据。本章主要对学术论文的界定、结构框架、写作流程、投稿方法与技巧进行详细介绍，为学术论文的写作与发表提供指导与建议。

第一节　学术论文界定

学术论文是反映科学研究成果的一种重要载体，**学术性**是学术论文与其他议论文体的根本区别。学术论文的学术性是指论文体现出的对某一学科问题研究有创造、有新见、有价值的特性。学术论文具有**学科性、创新性、科学性**三个特点。写好学术论文，准确理解和把握学术论文的学术性及基本特点是前提。

一、学科性

所谓学科性，就是指学术论文所研究的问题，应从某个学科中选定，或者研究的问题虽为社会实践中的问题，但能够归属于某一学科并运用该学科的理论、方法进行研究。学科性主要表现为两个方面：

（1）论文的研究问题、研究目标、最终结论都与某一特定的学科密切相关。如总结精准扶贫工作的文献不是学术论文，但运用街头官僚理论分析精准扶贫中扶贫干部的角色功能的文献则属于公共管理类的学术论文，运用社会角色理论则属于社会学类。

（2）学术论文一般使用的是学科或专业术语。如公共管理学中的公众参与、多元治理，社会学中的结构功能主义、社会冲突理论等。

二、创新性

创新是学术论文最重要的特质，是学术论文价值最集中的体现。

1.发现、提出前人尚未研究过的新问题，进行开创性研究

问题新是科学研究创新的基础和前提，提出一个有价值的学术问题，是学术研究能够做出创新性成果的根本保证。但在某种程度上，这可能是非常困难的且有更大的不被录用风险。困难主要表现在社会研究者可能已经穷尽社会科学领域内所有可以研究的新事物。不被录用风险主要表现为对于全新的内容，可能无法通过审稿人或编辑的评审。

但这并不意味着不能通过研究新问题而进行创新。问题是，如果问题是全新的，那么它可能处于研究中非常狭窄的领域。例如，研究学校里的旷课或逃学问题，这不算是新问题，但"城镇/农村中14岁女生的旷课行为"，这是学者们没有研究过的，其处于一个狭窄的领域内。

2.在前人已有成果的基础上，深化、推进已有研究

此类研究也叫发展性研究，创新性主要表现为：提出新观点，采用新视角，提供新材料，使用新的研究方法或材料分析方法等。

注意：对于研究中那些不同于以前的部分（即研究中的新事物）做详细的说明是非常重要的，目的是为了向读者展示自身研究的创新性和重要性。一项社会科学研究是否具有创新性，可以根据表14-1中的相关问题进行判断。具体如表14-1所示：

表14-1　创新研究的相关问题

---

1. 文献综述可以向我们保证同样的研究没有在任何领域实行过吗？
2. 关于某一特定题目的研究可以提供额外的新信息吗？
3. 研究包括以一种新颖的、适当的方式应用研究方法吗？
4. 新数据可以用来产生一个理论、事例或逻辑框架吗？
5. 既定的理论、事例或逻辑框架可以解释新数据吗？
6. 研究可以检验新形势下的理论、事例或逻辑框架吗？
7. 研究可以改善或质疑现有的理论、事例或逻辑框架吗？
8. 研究问题可以反映研究中的创新部分吗？

资料来源：M.丹斯考姆.做好社会科学研究的10个关键［M］.北京：北京大学出版社，2007.

三、科学性

学术论文的科学性包括研究和写作中的科学态度、科学方法、科学精神，以及论文内容的科学性。如果单就论文内容的科学性而言，主要是指论述问题的实事求是，征引资料的全面、准确、可靠，得出的结论能够揭示客观事物的本质规律，提出的观点能够自圆其说，经得起实践检验。

案例分析

我国古代社会非常强调教育的重要性，如"书中自有黄金屋，书中自有颜如玉"，但现在社会却流行一种"读书无用论"言论，那么受教育程度和个人收入到底是何种关系呢？这里必须用科学的研究进行证明。

目前，国内外学者对教育与收入关系的实证研究结果较为丰富，其中比较有代表性的是岳昌君教授2004年发表在《经济学（季刊）》第3期的文章《教育对个人收入差异的影响》。该研究在明瑟收入函数基础上，利用国家统计局城市社会经济调查队的"中国城镇住户调查"数据，对我国城镇职工的教育收益率进行了计量回归分析。研究发现，教育对个人收入的直接影响是显著的，但教育并不是影响个人收入的决定性因素，地区差异、行业差异、单位所有制差异、职业差异等对个人收入影响也都非常显著；此外，只有受高等教育者才最有可能跨行业流动，并通过流动提高个人收入。分析这篇文章发现，学术论文的科学性，主要体现在以下方面：一是写作的科学态度，即在写作过程中要遵循学术道德规范；二是科学的研究方法，主要指数据的来源可靠、真实，这篇学术论文的数据来自于国家层面的数据，具有较强的权威性；三是数据分析方法科学，这篇学术论文使用计量回归数据分析方法进行数据分析；四是研究结论揭示了受教育程度与收入的关系，且研究结论较为严谨，符合一般的理论假设与实践经验，该研究结论也与其他学者的研究相一致，如辛岭、王艳华2007年在《中国农村经济》发表的论文《农民受教育水平与农民收入关系的实证研究》，使用 Granger 英国关系检验和基于协整理论的 Panel Data 模型，认为农民收入和农民受教育水平之间存在着长期的稳定的均衡关系。

第二节　学术论文的结构与标准

一、学术论文的结构

学术论文需要有较为完整的结构。定量研究论文基本包括"题目、关键词、导言、主体、结论、参考文献"几个部分，其中主体部分包括"研究方法、数据、结果/发现、讨论"等（见表 14-2）。质性研究论文的主体格式较为自由，并没有完全统一的框架。虽然学术论文的结构不是千篇一律，写作形式可作适当调整，但都要求论文结构完整、层次分明、逻辑严密、条例清晰。学术论文的规范性能够提高交流效率。

表 14-2　定量研究论文的框架结构

序号	论文框架结构	具体内容与要求
1	论文题目 Title	选题是对学者学术素养、直觉和经验的多重考验，选题是论文写作的起点，论文题目不宜过长也不要过短，一般由 15 个词或短语组成，反映的是论文的研究主题、研究问题、研究对象、研究方法和创新点，标题应尽可能涵盖论文的重要内容或亮点，并且容易理解和检索。总之，就是要把论文中的思想、最精彩的观点放在题目里，表述的时候要新颖，给人眼前一亮的感觉
2	摘要 Abstract	摘要是一篇高度浓缩的文字，采取一段式，字数一般为 150~300 个，具有可读性，能够充分反映论文的观点和创新点，能够提炼出有价值的信息，包括五个部分： （1）**研究问题**，从研究背景引出研究问题； （2）**研究方法**，用什么方法做这个研究； （3）**数据来源**，用什么样的数据来验证方法； （4）**结论**，从研究中得出什么结论； （5）**启示**，得出的结论对研究领域和实践有什么意义 注意：摘要用第三人称来写，如"对……进行了研究""用……研究方法""发现了……现状"等语言表达方式，不要使用"本文""作者"等词语
3	关键词 Key Words	**一般是 3~5 个词**。关键词展示的是论文的核心词汇，不能随意安排，其主要来自于题目以及摘要

序号	论文框架结构	具体内容与要求
4	导言 Introduction	又可称为"前言""绪论",是正文前的一段文字,不宜过长。主要说明论文写作的背景、理由、主要研究成果及其与前任工作的关系,目的是引导读者进入论文的主题,有总揽论文全局的重要作用。主要包括以下四个方面的内容: (1)**研究背景**,繁简适度,目的是证实该研究问题的重要性; (2)**研究问题**,在研究背景下,要做什么问题(或者方面)的研究,进一步将研究问题具体化; (3)**研究方法**,研究方法和数据可以用一句话简单概括; (4)**研究意义**,一两句话概括本研究的理论意义和实践意义,应当在研究背景、研究问题和研究方法中自然体现出来,而非使用"本研究创新之处",也不要表达为"本研究具有重要的理论和实践意义" 总之,引言要交代清楚三个问题:为什么选择这个论题、这个论题为什么重要、怎么研究
5	文献综述 Literature review	(1)**研究现状**:学者们已经做了哪些方面的研究,用了哪些方法,得出了什么结论; (2)**现存的研究取得了哪些成果,存在哪些不足**:已有文献值得参考及借鉴的东西,以及非相关或者相邻研究领域值得借鉴的东西;总结目前研究存在的不足或者没做过的研究问题,指出本研究具有重要意义 **小结**:文献综述不在于对所有的相关文献做详尽描述和总结,而应该是对相关研究现状的高度概括
6	研究方法 Method	(1)**研究策略**:总概研究过程,即所采用的研究思路; (2)**数据采集的方法**:建立在对研究问题深入认识的基础上,需要采集什么样的数据(变量),这里的数据的概念是宽泛的,不是指具体的数据,而包括数据结构、变量(考虑的因素); (3)**数据的分析方法**:如数学分析、逻辑分析(推理)、统计模型等
7	数据 Data	主要围绕数据,对所收集的数据做一个简要的描述,如描述数据的来源、所收集的数据的特点,以及对所收集的数据初步处理的方法
8	结果/发现 Results	运用数据分析方法得到的模型分析结果,应该着重对所得出的重要结果进行描述,不需要对所有的结果进行描述
9	讨论 Discussion	讨论就是对得出的结果做横向或者纵向的对比和讨论,包括自己结果之间的比较、自己结果与别人结果之间的比较,如果结果存在差异性,还要对结果之间差异性的成因做讨论分析。这样的差异性分析进一步突出了本研究的重要性
10	结论 Conclusion	(1)**该研究得出的结论**:这个研究成果不是结论讨论的复述,而是对结论讨论更进一步的抽象和概括; (2)**启示**:研究结论所反映出来的对该研究领域的贡献以及启示,更侧重于启示; (3)**研究不足**:得出的研究结果的局限性; (4)**研究展望**:基于对研究不足、研究结论的认识,提出后续研究课题

续表

序号	论文框架结构	具体内容与要求
11	参考文献 References	（1）参考文献在学术论文中具有重要地位，不仅反映了作者对相关研究领域的了解深度与广度，同时也反映了学者的学术道德； （2）参考文献应当新（近三年或五年）、权威（权威期刊或权威学者），且必须与研究主题密切相关，尽量避免引用普通期刊和教材，以及过多引用本人文献； （3）书写过程中，参考文献要严格遵守格式规范，同时要具有**一致性**，即文献列表和标注一致格式与刊物要求一致、前后格式一致等

资料来源：编者通过汇总获得。

在学术论文写作过程中，有一些基本的事项需要重视。这些基本事项主要包括以下六个方面：

第一，在论文中，研究方法、研究发现／结果、讨论是最重要的三项内容（需要作者重点关注。这部分代表的是作者使用了何种科学方法进行研究，有哪些发现，这些发现有何意义，这些都是一篇论文的核心内容）。

第二，在论文写作过程中，作者要明确自身的研究思路是什么，即论文的逻辑结构应如何安排，常见的研究思路包括以下两种：

（1）提出问题（是什么）、分析问题（为什么）、解决问题（怎么办）。

（2）应然—实然—差异及其原因分析—政策建议。

第三，论文写作的逻辑和语言要规范。论文写作过程中要注意整体的框架结构设计，一般来说，导言部分说明"为什么研究"、正文阐述"怎么研究及研究结果"、结语用"总而言之""综上所述"等语句回应开头，并提出政策建议或提升为理论。在正文部分，小标题的格式统一，节、段安排符合逻辑顺序，前后逻辑贯通，对论点进行阐述时，要有层次感，如"第一，第二……""首先，其次，最后"等，每段采用"总—分—总"结构，将论述结果用总结性词语加以标识，如"因此""所以"等。此外，论文写作语言要规范，尽量使用学术语言。

第四，摘要的写作注意事项。

（1）用第三人称。建议采用"对……进行了研究""报告了……现状""进行了……调查"等记述方法标明一次文献的性质和文献主题，不必使用"本文""作者"等作为主语。

（2）结构严谨，表达简明，语义确切。摘要先写什么，后写什么，要按逻辑顺序来安排。句子之间要上下连贯，互相呼应。摘要慎用长句，句型应力求简单。每句话要表意明白，无空泛、笼统、含混之词，摘要不分段。

（3）要使用规范化的名词术语，不用非公知公用的符号和术语。新术语或尚无合适汉文术语的，可用原文或译出后加括号注明原文。

（4）除了实在无法变通以外，一般不用数学公式和化学结构式，不出现插图、表格。

（5）不用引文。除非该文献证实或否定了他人已出版的著作。

（6）缩略语、略称、代号，除了相邻专业的读者也能清楚理解的以外，在首次出现时必须加以说明。科技论文写作时应注意的其他事项，如采用法定计量单位、正确使用语言文字和标点符号等，也同样适用于摘要的编写。目前摘要编写中的主要问题有：要素不全，或缺目的，或缺方法；出现引文，无独立性与自明性；繁简失当。

第五，参考文献在论文中的位置分布。在论文写作过程中，参考文献必不可少，但参考文献在论文中不同位置结构的数量分布是不一样的，详见表14-3。

表14-3　参考文献在论文中的位置分布情况

论文部分	参考文献位置分布
摘要和关键词	无
导言	研究背景中有少量参考文献，也可以没有
文献综述	这部分参考文献最多，了解前人成果，借鉴其经验，归纳其不足
研究方法与数据	少量参考文献说明他人的研究方法，或者无参考文献
结果／发现	无参考文献
讨论	有较多参考文献，与文献综述内容呼应，运用与文献综述相关内容对新的研究结果进行解释，与前人结果进行比较
结论	无参考文献

第六，论文写作过程中要多与他人合作。与有丰富出版物经验的作者保持长期合作关系，并分享荣誉。这样学术论文被接受的可能性会加倍，

通过与其他作者合作，能够提升自身的写作能力，不过，与他人合作的最终目的是为了学会独立写作。此外，在和他人合作过程中，要避免在作者排名中过于靠后，下面的权重可以作为估量合作论文的影响的一个参考：

1= 一篇文章（一个作者）

0.75 = 一篇合著论文中的第一作者

0.7= 合著文章中的第二作者

0.5= 三人合作的文章作者之一

1 / n = 四个或更多的作者

避免成为第四作者，除了某些领域。因为你将被列入 "et al."，这是在前三位作者之后使用的

二、学术论文的质量标准

第一，要有个好的题目，选题要新颖，具有创新性，切忌一般化或过于空泛。

第二，摘要简洁明了。摘要的重要性不言而喻，其在某种程度上就是这篇论文的主要内容。学术论文与学位论文的摘要有很大区别。学位论文，尤其是硕士学位以上的学位论文，一般都要求摘要在 1000 字左右，包括选题背景、意义等。学术论文的摘要则要求言简意赅，一般为 150~300 字，简单交代研究背景、意义等，重点说明文章研究了什么、有什么新的研究结果、创新点在哪。

第三，在文章架构上，论文思路层次清晰，逻辑紧密。有经验的学者一般都是先列论文提纲再写文章。

第四，文章内容安排上，一般都是表达一个观点，然后论证。首先，论点一定要突出，有自身独特见解，不重复别人的观点或思想。其次，论证部分，有实证论证的，如社会调查统计，也有通过分析政府官网相关数据论证的，还有通过列举名家教授的观点来得出结论论证的，不管何种论证，都一定要真实、科学、合理。

第五，学术论文要有深度。研究深度不够，是很多论文最后不能发表的主要原因。如何拓展文章的研究深度，一是要加深理论的分析与探讨，二是要从宏观角度、全局角度看待研究的问题。

第六，结论或者讨论同样很重要，切忌虎头蛇尾。结论既是总结，也

是展望下一步。

第三节　学术论文的写作过程

一、学术论文的写作流程

学术论文的写作，可以从微观入手，再宏观讨论，具体包括以下几个阶段：

第一阶段：准备阶段。主要包括数据的处理与分析，并根据数据处理结果列出论文提纲。在此过程中，可以根据阅读的文献和自己的经验，将与本研究有关的关键词全部列出，再对这些关键词进行严格的筛选和重要性排序，排序时注意其逻辑关系。

第二阶段：撰写正文。正文包括导言、文献综述研究、研究方法、结果、讨论及结论等几大部分。根据论文篇幅，可以将导言、文献综述两部分合二为一，也可以分别阐述。就写作顺序而言，应先写微观层面纯粹客观的研究方法、数据来源与特征等内容；然后是数据处理后得到的研究发现或结果，也即对研究假设的印证；最后从宏观层面对研究结果进行探讨。论文的结果和讨论是不同的概念，论文的结果是论文的精华所在，是整篇论文的立足点，是论文中最重要的部分，而讨论则是对研究结果的解释和推断，并对该结果进行横向或纵向的比较，看是否提出了新问题或观点。

第三阶段：从微观描述和宏观探讨两个层面，总结文章的摘要与关键词，并在此基础上确定论文的题目，最后写参考文献。

第四阶段：论文的修改检查。主要是对论文的表达逻辑、创新处、导言、摘要等内容进行检查和修改，直到确认论文没有问题。

第五阶段：定稿并投稿。

该写作流程具体如图 14-1 所示。

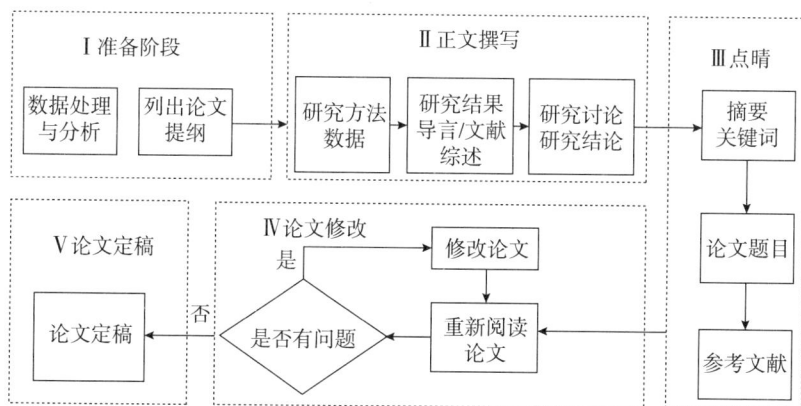

图 14-1 学术论文写作流程

二、学术论文写作的时间分配

对于论文写作的时间分配，明尼苏达大学图书馆给出了一个大致的时间分配建议，其中，15% 的时间用于选题、20% 的时间用于制定检索策略、25% 的时间用于批判性阅读、40% 的时间用于写作（见表 14-4）。

表 14-4 学术论文写作的时间占比

选题（15%）		文献检索与阅读（45%）		论文写作（40%）			
确定研究选题	明确论题	检索	评价并批判性阅读	构思论文结构	撰写初稿	修改	定稿
8%	7%	20%	25%	5%	20%	10%	5%

资料来源：社科学术圈微信公众号。

如果是实证性论文，则还包括社会调查阶段。根据美国科学基金委员会、美国凯斯工学院研究基金会调查统计，科研工作的时间花费最长在文献的检索与阅读、调查或实验两个方面，论文写作时间在整个科研流程中的比例并不高，社会科学研究中论文写作时间仅占整个流程的 9.3%。具体时间分析详见表 14-5。

表 14-5　实证性论文中论文写作的时间占比　　　　　　　　单位：%

	选定课题	文献检索与阅读	调查 / 实验	论文写作
社会科学	7.7	50.9	32.1	9.3
自然科学	7.7	30.2	52.8	9.3

三、论文写作良好习惯的养成

学术论文写作应养成良好的习惯，具体的建议如表 14-6 所示。

表 14-6　论文写作良好习惯养成的 10 条建议

序号	习惯	具体内容
1	制定时间表	如果一天结束，所有任务都已经完成后尝试着写一些东西，那么你根本不会有任何写作时间。所以保证写作是一个学者日常计划的一部分，在每一天努力开辟出一段写作时间。通过在日记或日历上将其单独开辟出来将其提前规划。如果专注于这个时间，那么即使只留出了 15 分钟用于不受打扰的写作，这也会带来巨大的改变。说实话，从一点点做起往往是最好的，把一些小碎片化的写作时间添加到日程表上并逐渐积累，直到养成习惯
2	养成习惯	如果已经规划好时间并坐下来工作，那么接下来要做的就是一直坚持，养成习惯。当然，在此期间也会遇到障碍，即使只有 15 分钟也会觉得很漫长，感觉无法构思，语言也不流畅，怎么办？答案就是继续坚持，如果坚持，就意味着明天将更轻松地坐下来，做更多的工作。所以，不管发生什么事，都要努力进行这个日常的写作，即使在旅行，也要考虑留出一小段时间来写作
3	做好计划	如果之前并不知道坐下来要写什么的话，那么永远不要坐下来写作。即使你已经设定了一些写作时间，关闭了所有干扰，精力充沛地坐在书桌前，在接下来的几个小时里，如果不知道应该写什么，也可能只是盯着一个空白的屏幕。你可以通过确定是否已经准备好了来解决这个问题，在写作之前安排一些阅读时间也很有帮助。阅读后可以制定一个关于接下来写作内容的简短计划来做结尾，即简单计划接下来要做的事情。无论发生了什么，确保制定了一个新的有关接下来需要完成内容的计划是非常重要的
4	留有后备计划	拥有对学术论文的期待会让人的头脑不被工作捆绑，即使在最难的写作阶段也能起到作用。然而，如果有时真的怀疑自己的写作是徒劳的，或者写作没有取得实质性进展的情况下而灰心丧气，那么就准备一份备份任务清单，即一个总是需要做的事情的列表，可能是阅读一些文献、编辑某个章节、检查脚注等，也就是说写作过程中的一些辅助功能。拥有这个备份列表，你就不会失去动力。但你应该只在真正需要感觉到有效率的时候才使用它，否则这将会成为另一种拖延写作的方法

序号	习惯	具体内容
5	限制在书桌前的时间，尝试新位置或工具	一般来说，一个人在办公桌上的时间越少，在那里的效率就越高。不要在书桌上做所有的社交和网上购物，并尝试着不要在那里一直工作，否则你会觉得已经在书桌前待了几个小时了。尝试着使用另一个工具或位置继续在线生活，如一个平板电脑，一个智能手机，并保持你的书桌尽量简化。因此，要限制在书桌前的时间，让坐下来写作成为一件"富有新鲜感"的事情
6	限制时间	即使整天写作，也很难保证整天都很高效，所以建议工作时间限制到易管理的大块，每天安排大约两个高效的工作时间用于论文写作。针对这一点，推荐使用番茄工作法（The Pomodoro Technique）
7	限制每天写作的字数	每个人在规定时间内完成的字数是不一样的，在开始，用一周左右的时间测试自己，记录每天结束时完成的字数，平均到每一天，这便是下周每天要完成的字数了。根据需要决定是否降低或提高每天写作字数，尽量控制在合理的范围内，否则会打破写作精神
8	坚持	如果安排了写作时间，并坐下来准备去写，哪怕上一时间都在做其他事，也要从中抽离出来，在短暂的休息后开始写作任务。提醒自己只有固定的时间完成写作。如果坚持这个简单的开始动作，那么就会因为重复地完成工作而减轻写作压力
9	为写学术论文打基础	定期写作是关键，无论是写学术论文、课程计划、会议摘要等，只要定期写作，利用分配的时间去写，那么每一个写作都有助于磨炼写作能力。一旦养成定期写作习惯，就可以同时完成两项以上的写作任务
10	时刻反省	缓解拖延症的一个重要方式就是养成某习惯并坚持下去，坚持固定的时间写作，且不要太长时间专注于某一项任务，这会提高写作效率

第四节　论文如何发表

学术期刊（Refereed Journal；Academic Journal），是传播学术成果的最佳途径，也是证明研究者学术水平的最佳媒介。

一、期刊影响因子

学术期刊的影响因子（Impact Factor），是指某期刊前两年发表的论文在该报告年份（JCR Year）中被引用总次数除以该期刊在这两年内发表的论文总数。这是国际上通行的一个期刊评价指标，具体的计算公式为：

$$IF（k）=（nk–1+nk–2）/（Nk–1+Nk–2）$$

其中：k 为某年，Nk–1+Nk–2 为该刊在两年内发表的论文数量，nk–1+nk–2 为该刊在 k 年的被引用数量。也就是说，某刊在 2018 年的影响因子是其 2017 年和 2016 年刊载的论文在 2018 年的被引总数除该刊在 2017 年和 2016 年这两年的载文总数（可引论文）。

二、社会科学类学术期刊索引

1. SSCI

SSCI，即社会科学引文索引（Social Sciences Citation Index），由美国科学信息研究所创建，是世界上可以用来对不同国家和地区的社会科学论文的数量进行统计分析的大型检索工具。1999 年，SSCI 全文收录 1809 种世界上较重要的社会科学期刊，内容覆盖人类学、法律、经济、历史、地理、心理学等 55 个领域。收录文献类型，包括研究论文、书评、专题讨论、社论、人物自传、书信等。选择收录（Selectively Covered）期刊为 1300 多种。

这里需要补充的是，SCI，即科学引文索引（Science Citation Index），SSCI 的姐妹篇，是由美国科学信息研究所（ISI）1961 年创办出版的引文数据库，覆盖生命科学、临床医学、物理化学、农业、生物、兽医学、工程技术等方面的综合性检索刊物，尤其能反映自然科学研究的学术水平，并包括少部分社会科学研究。是目前国际上三大检索系统中最著名的一种。收录范围是当年国际上的重要期刊，其引文索引表现出独特的科学参考价值，在学术界占有重要地位。许多国家和地区均将被 SCI 收录及引证的论文情况作为评价学术水平的一个重要指标。

2. CSSCI 和北大核心

CSSCI，即中文社会科学引文索引（Chinese Social Science Citation Information），俗称"南大版核心期刊"，是由南京大学研制成功的、我国人文社会科学评价领域的标志性工程，两年一评。科学引文索引是从文献之间相互引证的关系上，揭示科学文献之间的内在联系。

北大核心，又称中文核心期刊要目总览，是由北京大学图书馆与北京高校图书馆期刊工作研究会联合编辑出版的《中文核心期刊要目总览》（以下简称《要目总览》）。《要目总览》开始是四年更新一次，1992 年出版第一版，1996 年出版第二版，2011 年推出第六版后改为三年更新一次。《要目总览》收编社会科学和自然科学等各种学科类别的中文期刊。

三、如何投稿

投稿过程分为四点：投稿前准备，选择合适的期刊，正确投递，投递后的联系。

1. 投稿前准备

（1）找到要投的期刊"最新"的投稿须知 / 投稿论文格式规范 / 征稿启事 / 作者须知等，注意检索关键词。投稿须知一般都包括论文写作要求、投稿方式等关键内容。投稿须知通常可以在该期刊的官网或 CNKI 等数据库中搜索到。

（2）详细阅读要投期刊的投稿须知，并对自己的论文进行必要的修改。

（3）准备好一封给主编的投稿信（Cover letter），如果期刊有要求的话。投稿信应简述所投稿件的核心内容、主要发现和意义，有时也需要提供论文与该杂志相关性的说明，附上主要作者的中文姓名、通信地址、电话、传真和 E-mail。此外，还需要写明未一稿多投，有些还需要写明该研究符合伦理要求。

（4）让主编知道"所有"联络你的方式（如电子邮件、住址、电话）。在论文首页以脚注的形式或在论文末页留下自己的信息：姓名、出生年月、民族、工作单位、职称、研究方向，以及手机、邮箱、地址等。

（5）准备好充足份数的纸质稿件或电子稿件。目前的投稿方式有：

1）纸质投递，即将论文稿件打印一式若干份，邮寄到杂志社（现在很少使用）；

2）邮箱投递，有些期刊需要作者将论文稿件通过电子邮箱发送到编辑部邮箱，如《管理科学》的投稿邮箱为：glkx@hit.edu.cn ；

3）官方投稿系统，这是目前主流的也是比较可靠的投稿方式，每个杂志都有自己的官网投稿系统，使用官方投稿系统可以随时了解稿件的审理情况。

2. 选择合适的期刊

（1）根据所写文章质量选择期刊级别。

（2）期刊有自己的偏好，平时可以多研究、多关注、多收集与自己研究相关的期刊。

一是利用自身人际关系，在同学和朋友中找有过投稿经历的同学，学习别人的经验。

二是找老师。老师们一般会和期刊有一定的联系，如果老师愿意分享最好不过。

三是参加学术会议。通过参加各种学术会议，可能会碰上学术期刊的编辑和主编，主动添加联系方式。

四是通过学校图书馆或相关学术论坛查找，如人大经济论坛、小木虫、丁香园等。

3. 正确投递

（1）投递方式的准确。目前有很多代投代写机构，投稿时务必小心确认。最好的办法是去学校数据库找投稿须知，如果没有的话，直接找杂志官网，如果也没有，那就去相关学术论坛，如小木虫、丁香园等咨询。

（2）毋一稿多投。一稿多投属于学术不端行为，严格禁止。

4. 投稿后的联系

投稿后要及时和杂志社联系。论文审查要多久？没有固定答案，好的杂志的审稿周期一般是 3 个月，但基本 1 个月后，可打电话向主编询问。

四、审稿流程及论文修改

1. 审稿流程

（1）编辑阅读完毕，有接受可能，则发送给评审人。

（2）评审人提出评论和是否接受的意见（很重要）。

（3）常见的审稿结果：径行刊登（accept as it is），小幅修正后刊登（accept with minor revision），大幅修正后刊登（major revision），拒绝但鼓励重投（reject but encourage to resubmit），直接拒绝（reject）。此外，应注意以下四点：第一，评审人的评论质量与相关性参差不齐，但总体来说有助于改进论文质量；第二，按照评审人的意见逐条修改并逐条答复；第三，注意不要和审稿人争论；第四，注意对评审人和编辑的谢意。

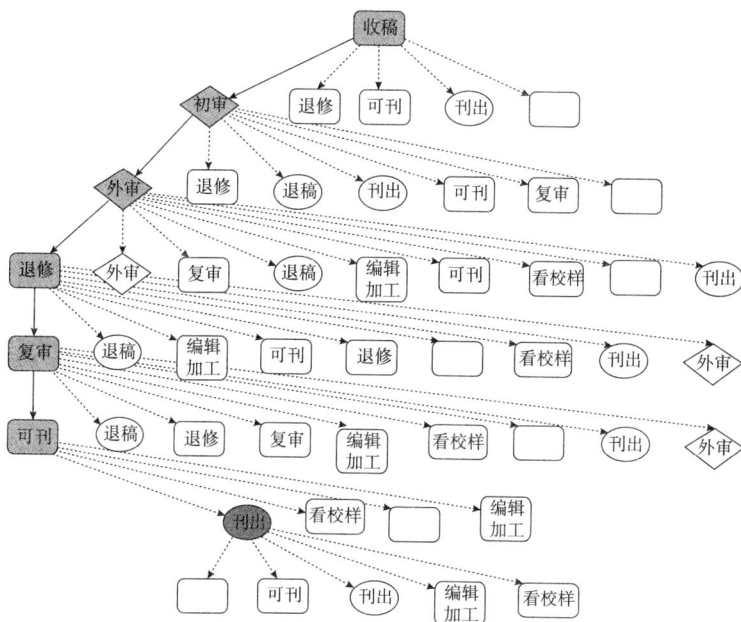

图 14-2 中文期刊审稿流程的案例

2. 论文被拒及修改

论文被拒绝的原因主要包括以下几点：

（1）缺乏学术价值。例如，选题不恰当，缺乏创新性，缺乏研究意义。

（2）研究方法不恰当。"恰当的方法不等于复杂的方法，但复杂的方法往往被认为是好方法"。

（3）文章的文字水平。包括文字水平、结果及文章的范式（文献引用、表格共识及参考文献格式等）。

（4）投递的刊物不合适。例如，中国青年研究和青年研究两本杂志的区别。

（5）与常识不同的结果或方法：一是评审人/编辑有自身的偏好；二是他们也不愿意冒风险。

如果论文被拒，也应心平气和地看完评语，根据评审意见对论文进行必要修改并投到其他期刊。要保持幽默乐观的态度，论文投稿并非一蹴而就，而是不断重复的过程。请记住：好的论文是修改出来的。

第十五章

社会科学研究中的伦理议题

社会科学研究通常以人为研究对象，因此，研究过程不可避免地会涉及伦理问题。在研究的整个过程中，研究者都要思考研究中的伦理议题。

伦理议题的产生，除了少数是因为主观故意，很多是因为研究者在研究过程中所承受的压力，这些压力来自于职业生涯发展（评职称）、论文发表、课题结项等。违反研究伦理，可能会面临公开的批判、职业生涯中断以及法律制裁等后果。研究伦理对于研究的发展和实施至关重要，所以研究者应该理解伦理原则和程序以明确自身的职责。

第一节 研究伦理的概念

一、研究伦理的产生

学术界对社会科学研究伦理的关注，最早产生于"二战"时期的一些"医学实验"。在这些实验中，研究者利用酷刑逼迫集中营的难民进行了大量研究，如把难民关进减压舱，观察他们在高海拔条件下多久会死亡。"二战"后，纽伦堡审判提出了《纽伦堡公约》，为心理学和医学研究形成通用的伦理标准奠定了基础。表15-1列举了《纽伦堡公约》提出的国际医学研究伦理十大原则。

其中，原则1和9要求参与者自愿和知情同意；原则2和6要求研究的效益；原则4、5、7和10则要求研究对参与者无害，这些原则构成了社会科学领域伦理标准的基本要素。

表 15–1　《纽伦堡公约》医学伦理 10 大原则

序号	具体内容
1	被试者的参与必须是自愿的，并且被试者应当有对参与做允诺的能力，不仅如此，这样的被试者应当被完整地告知实验的目的、性质和持续时间
2	研究应该产生对社会有用的，且不能以任何其他方式获得的结果
3	在动物研究里，研究应该有健全的理由，且是建立在被研究问题的自然历史基础上的
4	研究应该采取措施，以避免对被试者产生不必要的身体的或心理的伤害
5	如果有理由相信被试者将会死亡或致残，则研究不应该被施行
6	研究涉及的风险应该与从研究结果中获得的利益成正比
7	应该做适当的计划，并提供设施，以保护被试者不受伤害
8	研究应该仅由资深科学家进行
9	被试者应该有随时退出实验的自由，如果他／她断定继续留在这个实验里是不可能的了
10	研究者必须准备好中止实验，如果该实验向研究者显示继续该研究将会对被试者有害

资料来源：[美]肯尼斯·S.博登斯，布鲁斯·B.阿博特.研究设计与方法（第 6 版）[M].袁军等译.上海：上海人民出版社，2008：154.

二、什么是研究伦理

任何研究都要考虑伦理问题，而伦理的概念与道德、行为规范和指南紧密相关。研究伦理是为研究中各利益相关方的利益关系及其调整提供遵循的准则和规范。目前，国外很多高等院校、科研机构、心理协会、社会学协会、教育研究协会，以及研究基金机构都颁布了相应伦理规范来指导专业领域的研究者应对伦理冲突。以美国为例，美国国内很多团体都在其网站上公布了其本领域内的职业伦理标准和准则，如表 15–2 所示。

表 15–2　美国团体公布的伦理准则

年份	标准／准则名称
1988	科学研究协会（Sigma Xi）公布从业者伦理准则（*Ethical Guidelines for Practitioners*）
1992	美国心理协会（The American Psychological Association，APA）公布《心理学工作者的伦理学原则和行为规范》（*Ethical Principle of Psychologists and Code of Conduct*），后多次修改

续表

年份	标准 / 准则名称
1997	美国社会学学会（American Sociological Association，ASA）伦理准则
2001	美国教育研究学会伦理准则
2009	美国人类学协会伦理准则
2015	美国教师教育与认证州管理协会发布《教育工作者专业道德准则》

资料来源：编者经过整理获得。

第二节　研究伦理的审查

从宏观层次看，任何形式的研究都是在社会中进行的，因此研究者必须考虑研究的主题、研究的方法是否符合当时当地的道德和法律规范，如果违反则要面对社会公众的争议和指责。如果要研究诸如毒品、性文化、民族 / 种族歧视等敏感或有争议的话题，就更需要注意这一点。

从微观层次看，研究伦理要求研究者以专业的精神追求真理，遵从学术规范与学术道德。对研究伦理的审查主要体现在两个方面：一是研究行为；二是对待被试者。接下来详细介绍这两种类型。

一、研究行为

2012 年，美国科学技术政策办公室将学术不端行为（Research Misconduct）定义为"申请、实施、对研究行为的审查、评审或报告研究结果时出现的伪造、篡改或剽窃行为"。国际社会一般将学术不端分为捏造数据（Fabrication）、篡改数据（Falsification）和剽窃（Plagiarism）三种行为，但是现在学术界一般也将伪造学术履历、侵占学术成果和一稿多投等看作是学术不端行为。

捏造数据和篡改数据违反了研究的客观性原则，造成这种学术不端行为的原因可能来自于研究资助者的压力，因为研究结论如果未按照研究资助者的意图完成，则有可能损害资助者的利益，导致以后难以获得研究资助。此外，也可能来自研究成果的压力，现在无论是职称晋升、课题结项、荣誉称号获得等都与研究成果密切相关，有时学者为了能够提升研究成果质量，不惜捏造或篡改数据，以获得期望的研究结论。在学术界，曾经发生过影响较大的捏造数据或篡改数据事件，比较有代表性的就包括日本的小保方晴子事件和河北科技大学韩春雨事件。

案例 1：日本的小保方晴子事件

2014 年 1 月，年仅 31 岁的日本年轻研究者小保方晴子在《自然（Nature）》同期发表了两篇重磅论文，震惊干细胞学界，引发全球关注。然而仅仅不到一周，她就被质疑篡改论文图像，她所在的日本理化学研究所在 2 月对其展开审查，其顿时身陷学术丑闻。7 月，《自然》撤回小保方晴子的两篇论文。8 月，小保方晴子的导师笹井芳树（Yoshikisasai）悬梁自尽。年末，重现小保方晴子论文结果的实验因失败提前终止，多能干细胞界的所谓"重大突破"，落得"子虚乌有"的骂名。

案例 2：河北科技大学韩春雨事件

2016 年 5 月 2 日，韩春雨团队在《自然·生物技术》上发表了一篇论文，标题是 "DNA-guided genome editing using the Natronobacterium gregoryiArgonaute"（《使用格氏嗜盐碱杆菌的 Argonaute 蛋白实现 DNA 引导的基因编辑》）。这篇论文一发表，就引起了全球轰动。许多媒体迅速把韩春雨称为了"诺奖级科学家"。然而从 2016 年 6 月开始，就不断地有学术界同行表示，不能重复论文的结果，2016 年 10 月 10 日，来自中国科学院、北京大学、浙江大学、上海交通大学、华东师范大学、哈尔滨工业大学、温州医科大学等科研院所教授发表实名声明，称他们无法重复韩春雨的实验结果，并要求其公布原始数据。韩春雨教授一直不愿意公开，并声称别人重复不了结果是因为细胞被污染了，以及实验者的操作技术不过关。最后以2017年8月韩春雨等人从《自然·生物技术》杂志撤稿而告一段落。

2018年8月31日晚，河北科技大学公布了韩春雨团队撤稿论文的调查处理结果，声称未发现韩春雨团队有主观造假情况。撤稿论文已不再具备重新发表的基础，有关方面按照规定已取消了韩春雨所获得的荣誉称号，终止了韩春雨团队承担的科研项目并收回了科研经费，收回了韩春雨团队所获校科研绩效奖励。

2018年9月，澎湃新闻获得了一份2014年录音资料显示，韩春雨自曝曾通过代写学位论文牟利，意图组织学生进行学位论文买卖活动，并以版面费为条件换取其妻子在论文中的署名。在录音中，韩春雨表示，博士毕业后，因为"没钱挣"，与人一起代写论文，"一个博士论文收费7000元（编注：单位为人民币），一个硕士论文收费是4000~5000元（编注：单位为人民币）"，到高校工作后"还有人找"。

资料来源：编者通过网络资料整理获得。

在研究生阶段，容易发生的学术不端行为是论文抄袭或剽窃问题，在学位论文答辩前，要进行毕业论文检测，高校都要求了一定比例的论文重复率，即查重率，此外，学术论文发表时杂志社也会对论文进行查重，目的是防止对其他学者的研究成果的剽窃。在论文写作过程中，对论文中引用其他学者的研究结论或研究观点，都要标明出处，避免抄袭，这是对他人劳动成果的尊重。

有学者提出，要解决学术不端行为可以创建一种制度文化，示范合乎伦理的行为，强调研究诚信的重要性，并最终将这些信念转化为行动。国外一些机构和组织也倡导预防学术不端行为的一些策略，如表15-3所示。

表15-3　预防学术不端行为的一些策略

序号	策略内容
1	让研究者提交其所收集的数据与分析方法和过程，然后确保其中一些数据能被核实

续表

序号	策略内容
2	对数据收集对象进行回访，确保其真实参与
3	确保不偏离已批准的研究设计，如必须改变，则必须进行充分讨论
4	监督数据收集者在规定时间内完成数据收集，对收集的数据进行质量审查
5	在课堂上讲授研究的伦理准则，以及在申请项目资助后学习研究伦理
6	建立相应的惩罚和案例处理机制

二、对待被试者

如何对待被试者是研究者所面临的最重要和最基本问题。任何研究在一定程度上都会侵犯被试者的（包括组织或个人）的隐私，这也就是为什么研究者经常处于进退两难困境的原因。仅研究者认为自身的研究非常重要并不意味着被试者就有义务予以配合。即使被试者承认研究的重要性，也可能由于参与研究带来的消极后果大于效益，而拒绝参加研究。由于研究者在研究过程中必须获得被试者的帮助才能顺利开展研究，因此其必须关注被试者的环境，设身处地为被试者着想。在社会科学研究中，针对被试者，常见的违背研究伦理的行为包括隐瞒和欺骗、强迫被试、侵犯隐私，以及生理、心理、社会等具体伤害。

1.隐瞒和欺骗

作为一个最基本的原则，社会科学研究者只有在征得被试者或者组织法人代表的同意后才能进行研究，且被试者的同意是在其对研究的基本信息，如研究者的身份、研究目的和性质，以及研究进展等有所了解的基础之上的。这些基本信息应当是完整和真实可靠的，也对研究者不能凭借隐瞒或欺骗等手段获得被试者同意。在实践中，曾出现一些采取隐瞒或欺骗方式获得被试者参与的案例。

案例 1：茶室中的麻烦：研究生汉弗莱斯的《茶室交易》

"茶室"（tearoom）是美国同志群体的俚语，指的是公开进行性行为活动的地点，有时也指公厕。在公园的公厕里，总有男性在寻找男性发生即时满足的性行为，尿的颜色和茶水一样，这就是公厕被叫为"茶室"而成为隐含了性色彩的隐语的原因。1968年，Laud Humphreys 在华盛顿大学社会学系读博士，为了完成博士论文，他在对圣路易斯 St. Louis 城市公园公厕等公共场所里男性间普遍发生的、以即时满足和不用负责为特点的性行为进行了社会学角度的研究。

Humphreys 为了研究这些人而采用了一种特别的方式，他采取的具有争议的观察法成了社会学中对于科研伦理道德进行论述的经典案例。Humphreys 发现在"茶室"（公厕）中，常有两个以上的人发生性关系，这时通常都有第三个人从旁望风，以防止警察或无关的第三者闯入。为了获得同性恋者在"茶室"的性交易的第一手资料，他通过伪装成替这些人望风的"看门皇后"（Watching Queen）参与其中。通过望风，他不仅观察到公厕里的行为，而且记下了从事这些行为的人的汽车牌号。通过警察局的州记录查到这些人的车牌号码和住址。然后，Humphreys 伪称进行了一项普通调查的名义进入这些人家中，对这些人进行了问卷调查，以了解他们的职业、婚姻及社会经济情况。Humphreys 的调查结果在当时引起极大争议，其中一项就是他的研究方法，因没有经过知情同意而备受指责。很多人批评他对受试者隐瞒自己的博士研究生身份和没有保障受试者的隐私权。

案例 2：冯军旗的《中县干部》

在读博士期间，旗冯军在中部某农业县以博士生身份挂职两年，并写出了 25 万字的博士论文，揭露基层官场的生态。之后这篇博士论文在网上引起了一场争论，所争论的焦点在于这篇论文是否违背了基本的伦理，即"卧底式"调查违反了研究中调查对象的知情同意权。我们无从得知其是否在访谈前表明了自己研究者的身份，是否有知情同意书。社会公众也对此次事件发表了不同的意见，无论如何，我们都应当吸取教训，在做研究的整个过程中思考研究的伦理问题。

在社会科学研究中，有些研究者为了顺利开展研究而对被试者采取了欺骗的方式，欺骗存在多种方式，既有主观欺骗，又有客观欺骗，欺骗的具体形式如表 15-4 所示。

表 15-4　欺骗的形式

主观欺骗	客观欺骗
对研究目的做错误的表达	未被认可的条件作用
对研究者的身份做虚假的声明	挑起消极评价的行为并秘密记录之
对参加者做虚假的承诺	隐蔽的观测
对研究设备和程序做误导性的解释	未被认可的参与性观测
使用假被试（行为参与者，实为替实验者工作的人）	使用投射技术和其他人格测验
制造虚假的诊断和其他报告	
使用虚假的互动	
使用安慰剂或暗中施药	
为研究和实验者的相应行为提供误导人的情境	

资料来源：[美]肯尼斯·S.博登斯，布鲁斯·B.阿博特.研究设计与方法（第6版）[M]. 袁军等译.上海：上海人民出版社，2008.

但是在很多时候，研究者的欺骗在一定程度上是为了研究的顺利进行，如大部分的隐蔽性观察研究需要欺骗的帮助，如果被试者知道自己被观察，那么他们很可能拒绝合作，或者表现出与平常不一样的状态，这很可能导致研究无法进行。因此，隐蔽型研究的应用必须采取审慎的态度。如英国经济和社会研究委员会的指导原则是"不能轻易使用隐蔽型研究，更不能将其当作常规研究方法使用，只在当研究重要问题并且当有社会意义的事情不能以其他方式进行研究的情况下才能使用"（ESRC，2018）。因此，为了避免伦理争议，学者们尽量会采用公开方式开展参与式观察，同时为了保证研究结论的客观性，他们会尽量延长参与观察的时间，即给被观察者一定的适应时间，之后才开始正式的观察。具体案例详见《不同等的童年》这本书的研究方法部分。

案例展示

当我们坐在客厅里看电视时，当我们坐在车的后排座和他们一起去参加足球比赛时，当我们看着孩子们换上睡衣或是和他们一起坐在教堂里时，我们的存在无疑改变了当时那个空间里的互动。但是，过了一段时间之后，我们就看到他们已经能适应我们的存在（例如，随着他们对我们变得习以为常，大声吼叫和脏话骂人开始增多）。尤其是最初的适应期过后，很多家庭都报告说，如果非要说他们的行为有什么变化的话，这些变化也是很小的。

资料来源：安妮特·拉鲁著. 不平等的童年：阶级种族与家庭生活 [M]. 张旭泽. 北京大学出版社，2010.

综上所述，鉴于完全的知情同意可能会导致有意义研究完全无法进行，许多伦理规范允许研究者有时使用较小的隐瞒，并进一步要求：这种隐瞒作为规则的例外，要谨慎对待，并且需要详细证明，此外，对于隐瞒的地方，研究者有责任保证其研究完成之后，对被试者呈现事情的本质。

此外，也有学者主张使用"角色扮演"来替代欺骗，即研究者把研究性质告诉参与者，要求参与者在特定的情境下行动，著名的斯坦福监狱实验就是这样一个例子。但也有学者质疑角色扮演方法并未解决参与者可能的不真实表现问题。

2.强迫被试

被试者是否参加研究，是在知晓研究性质、目的和要求的情况下，自主决定，以及在研究的过程中，保留随时可以退出的权利，研究人员不能强迫被试者加入和退出。在社会科学研究中，有些被试者没有能力给予真正的自愿告知同意，他们可能缺乏必要的能力或可能间接受到强迫。如儿童、公司职员、福利领取者或精神障碍者，都可能同意参与研究，然而他们可能并没有充分的能力来做决定。或者有些被试者参与某项研究，是有某些目的或偏好，进而影响样本的覆盖性，即所谓的"志愿者偏向"（Volunteer Bias），最终影响研究的效度。

社会科学研究如果涉及"无行为能力者"，如幼儿、精神障碍者，则是不合乎伦理的，除非获得其法定监护人的书面同意，注意是书面同意而非口头同意，或者研究者遵守所有的不伤害受试者的伦理原则。除此之外，任何强制性的参与都是不合乎伦理道德的，即使通过参与研究可以给予被试者无法获得的特殊利益，如老师规定学生通过参与研究才能获得这门课的学分。

除了志愿加入外，在研究过程中，被试者也有权利随时要求退出研究，如《赫尔辛基宣言》就要求，受试者可以根据自己的意愿随时退出试验而不必有任何理由。但是，由于退出的原因有可能影响试验用药物疗效和安全性的评估，因此最好劝说被试者能进行末次评估，以明确退出的原因并将其记录在病例报告表中。

3. 侵犯隐私

在社会科学研究中，要注意对被试者隐私的保护，避免对被试者造成伤害。在有些研究中，可能会涉及被试者的隐私，如询问家庭收入、对某些敏感问题的态度，以及参与观察法中对日常生活的观察等。为了保护受试者的隐私，在分析、使用数据和公开发表学术成果时，要注意使用匿名、化名或者不留名的方式，不能暴露研究对象的身份。个案研究中在提供某个特定人或地区的社会图景时，一般都赋予一个假名和假地址，并修改其某些特征，如冯军旗的《中县干部》，不是他调研的地点在中县，而是指"县里的中国"，通过匿名的方式保护被试者的身份。因为一旦研究者的被试者信息被泄露，会给被试者带来伤害。有时候即使匿名是不可能的，但研究者也要保密，防止其他任何人知晓特定个人的身份，这就要求研究资料和数据的安全与保密。从成果表达来看，一般是以整体的形式呈现，如百分比、平均数等，而不会显示单个人的信息。

当研究的对象是"被控制的"群体，如学生、受雇者、病人、军人等，常会引发关于匿名与保密的特殊考虑。"守门人"或上位者可能限制资料的获取，除非让他们也获得被试者的资料，如研究学校学生的不良行为，校方可能要求获得这些学生的名单，以提供帮助。从研究伦理上看，如果不能答应校方的要求，可能就要放弃这项研究。

为了保护被试者的隐私，学术界已经形成了相当详尽的程序：获取匿名答案、使用握有登录名单解码锁钥匙的第三方名单监护人，使用随机答题技术等。

4.生理、心理与社会伤害

被试者在科学研究中可能受到的具体伤害包括身体伤害、心理伤害、法律伤害，以及对经济的伤害等，典型的心理伤害研究是社会心理学米尔格拉姆进行的服从权威实验。该实验虽为米尔格拉姆赢得了1964年美国科学促进会颁发的社会心理学奖和1000美元的奖金，甚至被评选为20世纪最经典的10大心理学实验之一。但由于这项实验为被试者带来了巨大的心理伤害，社会对他的种种争议，他的终身教授最终没有批下来。这次失利使他产生了深深的挫败感，长久以来高昂的自信受到打击。

案例展示：服从权威实验

1961年，耶鲁大学心理学助理教授斯坦利·米尔格拉姆进行了一个有关权威—服从的心理实验，该实验证明了人类有一种服从权威命令的天性，在某些情景下，人们会背叛自己一直以来遵守的道德规范，听从权威人士去伤害无辜的人。

他设计了一个电机，上面有30个标明伏特的开关，从30伏一直到450伏。但实际上这只是一具模型，并不能发出真正的电击。被试者是40个年龄20~50岁男性。他们是从报纸广告或邮件中得知该项消息，每个人可以获得5美元的报酬，但事先也说明了不管他们来到实验室后如何表现，他们的报酬不变。这是因为怕被试者在实验中不敢表达自己的真实意愿。还有两个工作人员分别装扮成了被试者和"实验主持人"。

"实验主持人"告诉他们这是一个研究惩罚对学习作用的实验。他们抽签决定哪些人做老师，哪些人做学生，实际上假扮学生的都是工作人员。"学生"被带到隔壁一间房中，当着"老师"

的面，在手臂上套上通向另一间房中的电机的电极。"学生"的手臂仍可活动，可以按在他面前标着 ABCD 的按钮以回答老师的问题。如果答错了，"实验主持人"就指示被试者给予一次电击，而且每次电击量不断加大。假扮学生的人会发出难受的声音，到电击达到 300 伏时，假扮的学生开始敲墙并要求把他放出来。300 伏后就再也没有声音了，也不回答问题。但是主持人要求被试者继续下去，把不回答当作错误并实行电击。大多数被试者在实验中会向主持人请求指示是否要继续。当他们请求时，主持人会要求其继续。最后实验的结果是以每个被试者最后愿意发出的电击伏特数来计算的。电机上一共有 30 个开关，开到最后一个的被试者是最服从的，而中途停下的是不服从的。最后 65% 的被试者服从了命令。

三、其他

除了上述的伦理审查内容外，实践中还存在其他一些具体的研究伦理问题。例如，首先，在团队合作中，尊重并承认他人的贡献。在共同的合作过程中，对于提供直接和间接帮助的人的贡献都必须得到承认，这种帮助包括提供有关研究本质和过程的信息，出版研究结果的各种情况等。其次，在撰写和发表研究成果时，需要尊重前人已有的研究成果，对他人研究结果的使用要进行引用与说明。最后，对于指导老师来说，应当为学生提供合适的指导，并让其了解相关的法律和规章制度，培养其养成良好的学术习惯。

四、不同研究阶段面临的伦理问题

学者们在不同的研究阶段，通常面临着不同方面的研究伦理议题。

第一，在研究问题和研究目标的陈述中，研究小组需要告诉研究对象研究目的，如果研究对象知晓的研究目的与研究的真正目的不同时，就属于隐瞒或欺骗。

第二，在撰写研究设计过程中，需要遵循学术规范，确保材料的真实、可靠，尤其在写研究基础时，对研究成果的如实填写，不随意捏造已有研究成果。

第三，在数据收集过程中，要求被试者的自愿参与，不要对被试者造成伤害，允许被使者自由退出等。此外，在收集数据过程中，保持与被试者平等互动并保证被试者的隐私。

第四，数据的安全、保密与归属问题。数据的使用权争议一直存在，尤其是在学生与导师的合作过程中。因此，有必要在研究开始之时就数据的安全、保密与归属签订书面协议，避免纠纷。

第五，研究成果发表阶段，要求研究数据真实、结论可靠、对前人成果正确引用署名权不存在争议等，以及在投稿过程中避免一稿多投。因此，在整个的社会科学研究过程中，研究者都要采取审慎的态度，避免产生伦理纠纷。

第三节　伦理审查的机构与立场

一、伦理审查的机构

虽然道德指引的研究的主要责任在于研究者本人，但研究者在开展实际研究之前要获得伦理审查委员会的允许，在国外却是一种常态。伦理审查委员会，是对以人为研究对象的研究，提供研究开始前的初始审查、研究过程中的跟踪审查的伦理审查批准、监督机构，负责伦理准则的贯彻实施。

有关人类的研究必须接受伦理审查委员会的审查，最早开始于医学研究。1973 年，美国教育和福利部（DHEW）管理人类研究的规章规定，所有公共卫生局资助的研究组织必须接受一个伦理审查委员会的评估。

在审查研究计划时，伦理审查委员会要判断拟开展的研究的伦理适切性，以及研究中的风险伤害相对于预期的好处是合理的，确保向研究被试者解释研究协议。因此，研究者应当提交研究协议（研究协议包括：研究目的、相关的研究背景和理论基础、被试人数、实验设计和方法论、提供的激励、被试的风险和收益、采取的预防措施，以及隐私保密手段），而伦理审查会成员则必须充分了解协议细节，并筛选出那些能够遵循道德规范的研究者或研究机构。在有些国家或地区，研究者开始研究之前要与伦理审查委员会签署协议，伦理审查委员会审查同意后研究者才能实施研究。

　　除了研究开始前的审查，伦理审查委员会还拥有跟踪审查权力，跟踪所有做出批准决定的研究进展，直到研究结束。在跟踪审查过程中，伦理审查委员会根据一定的规范、标准和方式，对已经通过初始审查的研究项目进行持续审查、监督和评价，并依据调查结果对研究项目做出继续研究、修订研究方案、暂停研究或终止研究等规定，进而保证被试者的合法权益。

二、研究伦理的立场

　　学术界对研究伦理的认识是存在争议的，这些争议大部分来源于人们解决伦理问题时所采取的不同的立场。研究者对研究伦理议题主要有三种立场，即道义论（Deontology）、伦理怀疑主义（Ethical skepticism）和功利主义（Utilitarianism），三者的主要观点如表 15–5 所示。

表 15–5　研究伦理的三种立场

三种立场	基本观点
道义论	伦理问题必须基于一些普遍的准则来评判，有些行为本质上便是不道德的，任何情况下都不应当出现。研究中采取欺骗行为是有违道义的，任何情况下都应当杜绝，因为这涉及对研究被试者撒谎，妨碍他们的知情同意
伦理怀疑主义	这种立场不会否认道德原则的重要性，但会宣称道德准则的相对性，即与人们的文化和时代有关。伦理决策必须是关乎个人良心的，研究者应该去做他/她认为是正确的事情，避免去做他/她认为是错误的事情。因此，研究伦理只是关乎个人良心的问题
功利主义	对研究伦理的评判要同时考虑研究对个别被试所产生的后果以及研究结果可能带来的更大收益。伦理决策是在权衡研究所可能产生的潜在利益与潜在成本的基础上做出的。这是美国联邦政府、大多数专业组织和机构审查委员会采取的基本立场，在做出研究的伦理决定时，不仅要考虑研究被试者所面临的风险，也要考虑研究所带来的重要知识和对人类的重大利益

资料来源：编者根据材料整理汇总所得。

参考文献

［1］Bryman, A., Becker, S. & Sempik, J. Quality Criteria for Quantitative, Qualitative and Mixed Methods Research : A View from Social Policy［J］. International Journal of Social Research Methodology, 2008,11（4）: 261–276.

［2］Bryman, A. Why do researchers integrate/combine/mesh/blend/mix/merge/fuse quantitative and qualitative research？［M］// Bergman, M.M.（Ed.）, Advances in Mixed Methods Research, Sage, London, 2008 : 87–100.

［3］Chan, Tak Wing & John H. Goldthorpe. The Social Stratification of Cultural Consumption : Some Policy Implications of a Research Project［J］. Cultural Trends, 2007, 16（4）: 373–384.

［4］Denzin, N. K. The research act : A theoretical introduction to sociological methods［J］. Teaching Sociology, 1989, 17（4）: 500–501.

［5］Denzin, N. K. & Lincoln, Y. S. Handbook of qualitative research［M］. London : Sage Publications, 1994.

［6］Economic and Social Research Council. ESRC Framework for Research Ethics 2015［EB/OL］.www.esrc.ac.uk/files/funding/guidance-for-applicants/esrc-framework-for-research-ethics–2015/（Accessed : 9th February, 2018）.

［7］J. Lofland & Lyn Lofland. Analying Social Settings［M］. Wadsworth, Bemont, CA.1995.

［8］Lofland J. and Lyn Lofland. Analying Social Settings, Third Edition［M］// Wadsworth, Bemont, CA.1995 : 127–145.

［9］Lincoln Y. S. The making of a constructivist : A remembrance of transformations past［M］// E. G. Guba（Ed.）, The Paradigm Dialog, SAGE Publications Ltd, London , 1990 : 67–87.

［10］Mishler，E.G.Research Interviewing：Context and Narrative［M］. Cambridge，USA：Harvard University Press，1968.

［11］Martin E. Doing Psychology experiments（2nd ed.）［M］.Monterey, CA：Brooks/Cok, 1985.

［12］Mills，M. & Bettis，P. Organizational identity and identification during a departmental reorganization［M］// V. A. Anfara & N. Mertz（Eds.）, Theoretical frameworks in qualitative research. Thousand Oaks, CA：Sage, 2006：73–84.

［13］Onwuegbuzie，A. J.，& Teddlie，C. A Framework for Analyzing Data in Mixed Methods Research.［M］// A. Tashakkori & C. Teddlie （Eds.），Handbook Of Mixed Methods In Social and Behavioral Research. Thousand Oaks, CA：Sage，2002：351–383.

［14］Pawson，Ray. Method Mix，Technical Hex，Theory Fix［M］// In Manfred Max Bergman（Ed.），Advances in Mixed Methods Research：Theories and Applications. London：Sage，2008.

［15］Steinfiled，C. W. and Fulk. J. The theory Imperative in organizations and Communications Technology［M］. Newburry Park，CA：Stage Publications，1990：13–23.

［16］Small，M. L. How to Conduct a Mixed Methods Study：Recent Trends in a Rapidly Growing Literature［J］. Annual Review of Sociology, 2011, 37（1）：57–86.

［17］Schwandt，T.A. Constructivist，interpretivist approaches to human inquiry［M］//N. K. Denzin and Y. S. Lincoln（eds.），The landscape of qualitative research：Theories and issues，Sage，Thousand Oaks，CA，1998：221–259.

［18］Schram，T. H. Conceptualizing and proposing qualitative research （2nd ed.）［M］. Upper Saddle River：NJ：Pearson Education，2006.

［19］Small，Mario Luis. How to Conduct a Mixed Methods Study：Recent Trends in a Rapidly Growing Literature［J］. Annual Review of Sociology, 2011, 37（1）：57–86.

［20］Tashakkori，A. Are We There Yet？［J］. Journal of Mixed Methods

Research, 2009, 3（4）：287–291.

［21］Weiss, R. Learning from Strangers：The Art and Method of Qualitative Interview Studies［M］. New York：The Free Press, 1994.

［22］阿琳·芬克. 如何做好文献综述［M］. 重庆：重庆大学出版社, 2014.

［23］伯克·约翰逊, 拉里·克里斯滕森. 教育研究定量、定性和混合方法［M］. 马健生译. 重庆：重庆大学出版社, 2015.

［24］蔡琪, 常燕荣. 文化与传播——论民族志传播学的理论与方法［J］. 新闻与传播研究, 2002（2）：16–22.

［25］科瑞恩·格莱斯. 质性研究方法导论（第4版）［M］. 王中会, 李芳英译. 北京：中国人民大学出版社, 2013.

［26］莫妮卡·亨宁克, 英格·哈特, 阿杰·贝利. 质性研究方法［M］. 王丽娟, 徐梦洁, 胡豹译. 杭州：浙江大学出版社, 2018.

［27］马丁·丹斯考姆. 做好社会科学研究的10个关键［M］. 扬子江译. 北京：北京大学出版社, 2008.

［28］伍威·弗里克. 质性研究导引［M］. 孙进译. 重庆：重庆大学出版社, 2011.

［29］约翰·W. 克雷恩威尔, 薇姬·L. 查克. 混合方法研究：设计与实施［M］. 重庆：重庆大学出版社, 2017.

［30］陈向明. 质的研究方法与社会科学研究［M］. 北京：教育科学出版社, 2014.

［31］陈向明. 社会科学中的定性研究方法［J］. 中国社会科学, 1996（6）：93–102.

［32］仇立平. 社会研究方法［M］. 重庆：重庆大学出版社, 2015.

［33］董奇. 如何选择研究课题［J］. 心理发展与教育, 1989（2）：24–28, 10.

［34］董奇. 如何提出研究假设［J］. 心理发展与教育, 1990（1）：30–32, 10.

［35］风笑天. 社会调查方法还是社会研究方法？——社会学方法问题探讨之一［J］. 社会学研究, 1997（2）：23–32.

［36］风笑天. 现代社会调查方法［M］. 武汉：华中科技大学出版社,

2001.

［37］风笑天.社会研究：设计与写作［M］.北京：中国人民大学出版社，2014.

［38］风笑天.社会研究方法［M］.北京：中国人民大学出版社，2019.

［39］风笑天.社会学研究方法（第三版）［M］.北京：中国人民大学出版社，2009.

［40］风笑天.现代社会调查方法［M］.武汉：华中科技大学出版社，2005.

［41］范明林等.质性研究方法（第二版）［M］.上海：上海人民出版社，2018.

［42］哈里斯·库珀.如何做综述性研究［M］.重庆：重庆大学出版社，2013.

［43］胡仕勇，叶海波.操作化流程及其在社会研究中的应用探讨［J］.武汉理工大学学报（社会科学版），2003（5）：507–510.

［44］胡幼慧.质性研究：理论、方法与本土女性研究实例［M］.台北：巨流图书公司，2001.

［45］胡宏伟，汤爱学，江海霞，袁水苹.撤点并校对不同收入家庭学生政策效应的比较评估［J］.公共行政评论，2016，9（1）：110–130，184–185.

［46］侯俊霞，赵春清.社会科学实证研究方法应用中的伦理问题剖析［J］.伦理学研究，2018（2）：111–116.

［47］侯俊霞，胡志雯，朱亚宗.社科伦理审查制度的引进与文化适应性研究［J］.湖南大学学报（社会科学版），2013（5）：125–129.

［48］黄荣贵，郑雯，桂勇.多渠道强干预、框架与抗争结果——对40个拆迁抗争案例的模糊集定性比较分析［J］.社会学研究，2015，30（5）：90–114，244.

［49］库恩.科学革命的结构［M］.北京：北京大学出版社，2012.

［50］劳伦斯·马奇等.怎样做文献综述六步走向成功［M］.上海：教育出版社，2014.

［51］李志，潘丽霞.社会科学研究方法导论［M］.重庆：重庆大学出版社，2012.

［52］凌斌.论文写作的提问和选题［J］.中外法学，2015（1）：38-44.

［53］李少梅.对质性研究中深入访谈：法的认识［J］.社会性别，2004（1）.

［54］李少梅.女大学生家教工作的特征研究［J］.浙江学刊，2001（3）129-131.

［55］［美］约翰·W.克雷斯威尔.混合方法研究导论［M］.上海：格致出版社，2015.

［56］马红霞.浅析自然科学、社会科学和人文科学的本质差异［J］.广东社会科学，2006（6）：72-77.

［57］莫妮卡·亨宁克等著.质性研究方法［M］.王丽娟等译.浙江：浙江大学出版社，2018.

［58］欧阳文.学生无问题意识的原因与问题意识的培养［J］.湘潭大学学报（哲学社会科学版），1999，23（1）：129-132.

［59］彭波.设计研究假设应遵循的原则［J］.教育科学研究，2006（3）：60-61.

［60］全国13所高等院校《社会心理学》编写组.社会心理学（第五版）［M］.天津：南开大学出版社，2017.

［61］佟德.提出研究假设的方法［J］.教育科学研究，2006（8）：59-60.

［62］王雨磊.学术论文写作与发表指引［M］.北京：中国人民大学出版社，2017.

［63］魏建国，卿菁，胡仕勇.社会研究方法［M］.北京：清华大学出版社，2016.

［64］徐宗国.扎根理论研究法［M］//胡幼慧.质性研究：理论、方法与本土女性研究实例.台北：巨流图书公司，1996.

［65］熊秉纯.质性研究方法刍议：来自社会性别视角的探索［J］.社会学研究，2001（5）：29.

［66］袁方.社会研究方法教程［M］.北京：北京大学出版社，1997.

［67］张蓉.社会调查研究方法［M］.北京：知识产权出版社，2014.

［68］张彦，刘长喜，吴淑凤.社会研究方法［M］.上海：上海财经大

学出版社，2016．

［69］张黎．怎样写好文献综述——案例及评述［M］．北京：科学出版社，2014．

［70］朱迪．大学生消费不平等的实证研究：从消费文化的维度［J］．兰州大学学报（社会科学版），2014，42（6）：49-58．

［71］张雪等．伦理审查委员会跟踪审查制度探析［J］．医学与哲学，2012，33（4）：26-27，51．

［72］王育民．中国社会学十年概观［J］．社会学研究，1989（2）：1-9．

［73］张琢．当代中国社会学［M］．北京：中国社会科学出版社，1998．

［74］夏春祥．文本分析与传播研究［J］．新闻学研究，1997：（54）．

［75］勾学玲．浅析质性研究方法［J］．学理论，2012（33）：43-44．

［76］熊秉纯．质性研究方法刍议：来自社会性别视角的探索［J］．社会学研究，2001（5）：17-33．

［77］张梦中，马克·霍哲．定性研究方法总论［J］．中国行政管理，2001（11）：39-42．

［78］温馨．质性研究视角下的青少年亲子沟通状况调查［D］．首都师范大学硕士学位论文，2014．

［79］［美］科瑞恩·格莱斯．质性研究方法导论（第4版）［M］．王中会，李芳英译．北京：中国人民大学出版社，2013．

［80］范明林等．质性研究方法（第二版）［M］．上海：格致出版社，上海人民出版社，2018．

［81］朱柔若译．社会研究方法质化与量化取向［M］．台北：扬智文化，2000．

［82］潘淑满．质性研究——理论与应用［M］．台北：心理出版社，2003．

［83］［英］波普尔．科学发现的逻辑［M］．李波强，邱淙译．北京：科学出版社，1986．

附　录

附录1　量表汇总

下面的一些陈述涉及人们对生活的不同感受。请阅读下列陈述，如果你同意该观点，就请在"同意"之下做一记号；如果不同意该观点，请在"不同意"之下做一记号；如果无法肯定是否同意，则在"？"之下做一记号。请务必回答每一个问题。

附表1-1　生活满意度指数A（Life satisfaction Index A，LSIA）

1. 我老了以后发现事情似乎要比原先想象得好。（A）	同意	不同意	？
2. 与我所认识的多数人相比，我更好地把握了生活中的机遇。（A）	同意	不同意	？
3. 现在是我一生中最沉闷的时期。（D）	同意	不同意	？
4. 我现在和年轻时一样幸福。（A）	同意	不同意	？
5. 我的生活原本应该是更好的时光。（D）	同意	不同意	？
6. 现在是我一生中最美好的时光。（A）	同意	不同意	？
7. 我所做的事多半是令人厌烦和单调乏味的。（D）	同意	不同意	？
8. 我估计最近能遇到一些有趣的令人愉快的事。（A）	同意	不同意	？
9. 我现在做的事和以前做的事一样有趣。（A）	同意	不同意	？
10. 我感到老了、有些累了。（D）	同意	不同意	？
11. 我感到自己确实上了年纪，但我并不为此而烦恼。（A）	同意	不同意	？
12. 回首往事，我相当满足。（A）	同意	不同意	？
13. 即使能改变自己的过去，我也不愿有所改变。（A）	同意	不同意	？
14. 与其他同龄人相比，我曾做出过较多的愚蠢的决定。（D）	同意	不同意	？
15. 与其他同龄人相比，我的外表年轻。（A）	同意	不同意	？

16. 我已经为一个月甚至一年后该做的事制订了计划。（A）	同意	不同意	?
17. 回首往事，我有许多想得到的东西均未得到。（D）	同意	不同意	?
18. 与其他人相比，我惨遭失败的次数太多了。（D）	同意	不同意	?
19. 我在生活中得到了相当多我所期望的东西。（A）	同意	不同意	?
20. 不管人们怎么说，许多普通人是越过越糟，而不是越过越好了。（D）	同意	不同意	?

A 为正序计分项目，同意 1 分，不同意 0 分
D 为反序计分项目，同意 0 分，不同意 1 分

附表 1-2 李克特量表

	5. 非常同意	4. 同意	3. 不确定	2. 不同意	1. 非常不同意
问题 1					
问题 2					
问题 3					
问题 4					
问题 5					

附表 1-3 社会距离量表

	同意	不同意
1. 你愿意让黑人生活在你的国家么？		
2. 你愿意让黑人生活在你所在的城市么？		
3. 你愿意让黑人住在你们那条街么？		
4. 你愿意让黑人做你的邻居么？		
5. 你愿意与黑人交朋友么？		
6. 你愿意让黑人和你的子女结婚么？		

附录 1-4　老年态度量表

你认为老年人是：

1. 强壮的	2. 虚弱的
1. 迅速的	2. 慢速的
1. 开放的	2. 保守的
1. 富有的	2. 贫穷的
1. 活跃的	2. 沉闷的
1. 快乐的	2. 悲伤的
1. 生活态度积极的	2. 生活态度消极的
1. 干净的	2. 脏兮兮的
1. 平易近人的	2. 不易接近的
1. 值得信任的	2. 不值得信任的
1. 有价值的	2. 无价值的
1. 值得尊重的	2. 不值得尊重的

附录 2　投稿信的常用模板

Dear Dr. XX：

We submit our manuscript entitled "论文题目" to "期刊名" for publication.

简单介绍该论文的主要创新点与研究意义（不宜过多，但要突出创新点和关键点）。

All authors have seen the manuscript and approved to submit to your journal. Thank you very much for your attention and consideration.

Sincerely yours，

通讯作者

Date：Oct20，2015

Dear Editors：

On behalf of my co-authors, I am submitting the enclosed material "TITLE" for possible publication in JOURNAL.

We certify that we have participated sufficiently in the work to take public responsibility for the appropriateness of the experimental design and method, and the collection, analysis, and interpretation of the data.

We have reviewed the final version of the manuscript and approve it for publication. To the best of our knowledge and belief, this manuscript has not been published in whole or in part nor is it being considered for publication elsewhere.

Best Regards.

Yours Sincerely，

NAME，ADRESS，EMAIL，FAX